象雄年居
【传承篇】
ཞང་ཞུང་སྨན་རྒྱུད།

西饶拉姆 雍仲拉贡 编著
杨辰 译

西藏藏文古籍出版社

图书在版编目（CIP）数据

象雄年居 / 西饶拉姆，雍仲拉贡编著． -- 拉萨：西藏藏文古籍出版社，2023.1
ISBN 978-7-5700-0801-8

Ⅰ．①象… Ⅱ．①西… ②雍… Ⅲ．①象雄－民族文化－研究 Ⅳ．①K289

中国国家版本馆CIP数据核字（2023）第018914号

象雄年居

编　　著	西饶拉姆　雍仲拉贡
责任编辑	扎西欧珠
出　　版	西藏藏文古籍出版社 邮政编码：850000
	打击盗版：0891-6930339
印　　刷	北京盛通印刷股份有限公司
经　　销	全国新华书店
开　　本	32开（880×1 230）
印　　张	5.75
印　　数	2 001-3 000
字　　数	552千字
版　　次	2023年9月第1版
印　　次	2025年11月第2次印刷
标准书号	ISBN 978-7-5700-0801-8
定　　价	92.00元

版权所有　翻印必究

前　　言

　　雍仲本波是由敦巴辛饶所创立的大乘教法，其中，他传授了三个主要的教义：断道、转变道和解脱道。这三个主要的教义中，最重要的部分或者说最核心的内容，就是大圆满教法中的象雄耳传，也称为象雄年居教法。这个教法自佛陀起一直传到当代，其间一代代的成就者们口耳相传，从来没有间断过。因此，从普贤王如来开始直到现在，一直保持着一条单传的，从来没有间断过的法脉。

　　象雄年居中所包含的心髓教法极其重要，遵循这些教义可以让你在一生中就达到佛陀的果位。通过修习这些珍贵的教法，包括夏匝扎西坚赞以及他的学生们在内的诸多伟大的修行人，都像这本书中所记录的大师们一样，达到了虹光身成就。

　　在雍仲本的教法中，大圆满法是根据学生们根器的高、中、低分次第进行传授的。大部分的大圆满教法都由三个部分组成：首先是前行法，也就是通过各种各样的方法使修行人心续成熟的初步教法。其次，通过对教法的修习，认清本觉，体验何为自解脱。最终，学修诸如黑关、观虚空等托噶修法。无论是谁，只要是想遵循这些教法来修行，都必须尽最大的可能去接受最原始和清净的教法，尤其重要的是，必须要寻得一位具格上师来接受实修经验部分的传承，由此来提升自己的体验。通过这些方式，实修者对大圆满的理解就会越来越深刻。

《象雄年居》这本书为我们展示了来自于这些传承上师们的心髓言教，这些言教就是他们实修经验的精华。西饶拉姆与雍仲拉贡转录并编辑了这些耳传言教。我非常欢喜于这本书的出版，同时，非常感谢你们为此所做的辛勤工作。

格勒津巴格西

2009 年 11 月 4 日

土牛年九月十七日

序　　言[1]

每一位上师在传授象雄年居[2]大圆满时，都要遵守一定的戒律，其中包括以下四条主要戒律：

第一条戒律，宣讲象雄年居大圆满法是为了增长智慧，传法时禁止加入或引入其他内容。因为这个智慧的教法是圆满的，不需要从任何其他传承中引入内容。所有内容均已清晰地阐明，并由具格上师们进行了论释。本觉是纯洁、清净、完美的。例如当你拿着一盏灯进入一间黑暗的房间，整个房间就已被照亮，并不需要任何额外的光源。

第二条戒律，宣讲象雄年居大圆满法时，要紧密连接传承或法脉所传授的真正含义，这样就可避免错误与臆想。正确的见地可以改变错误的理解，所以不要固执地坚持自己的见解或添加自己的释论。这样说的原因是，任何学习和追随这个教法的人都必须树立正确的见地，而不只是依赖字面上的理论。这个独特的教法非常完整、也非常严格地在大师与大师之间有序地传承着，每一位大师都非常清晰地展示了这个教法真正的见地，所以根本不需要依靠任何其他的解释或释论。例如，即使一个人解释了什么是"花"，但听到他解

---

[1] 本书序言译自作者甄选的一段经教。
[2] 年居（སྙན་བརྒྱུད）：耳传。

释的人还是很难完全认知到花的颜色和样子。但如果直接把真实的花展示给听众，那就根本无须做过多的解释，他们自己就能看明白。

第三条戒律，这个传承的心髓诀窍只能通过体验和实修进行传授，无须加上凡夫的词语或释论。如同，藏文无法清晰地表达象雄文的意义，所以用藏文给象雄文做释论是起不到任何作用一般。这条戒律存在的意义是，教法本身就已经如同黄金般纯粹，无法再进行精炼。所以凡夫无法再用凡夫的文字给这个教法做释论。

第四条戒律，那些已经接受这些教法的人，那些已经开始练习教法的人，那些相信这些教法的人以及已经取得最终成就的人，也不能对教法本身添加任何释论，更不能因教派思想影响或评论个人观点而添加任何内容。这样说的原因与对教法产生敬信的方式有着直接的关系。教法本身、上师的讲解以及对弟子的开示与传承者自己的体验应当完全一致。当这三者合而为一的时候，就更没必要去添加任何的释论。这种敬信是基于自身对教法有正确见地而自然产生的敬信，而当一个人真正成就这种正确见地时，偏见就会自然消失，也不会再将这三者割裂开来，就像没有人可以将空间割裂，然后说："这是我的空间，这是他人的空间。"

不仅教授大圆满法的上师必须具备传法的资格，同时，接受教法的弟子也必须具备一定的资格。

对于一位真正具格的传法上师所应有的特质来说，首先，他必须在可以查验到的传承处接受教法；其次，要观察这位师父如何教导他的弟子。

我们可以通过某些方法来验证这位上师接受了怎样的教法和传承。最基本的是，对于一位具备资格的上师而言，他所接受的关于"本性之基"的教法必须是没有错误或没有被附加任何其他概念的准确教法，而且他对于本觉的理解也要同样远离附加概念或者错误见地。除了以上最基本的要求以外，通过以下两点就可以确定他是否接受了真正教法的传承。首先他需要接受过灌顶或研读过教法，但这并不是最重要的。最重要的是，在接受教法的过程中，他必须经历过没有错误的实修，这样他才能熟悉本觉如是的状态，并可以稳定地安住其中。这点非常重要。

以下三点是关于具格上师在接受特殊传承时，所需要遵守的规定：

第一点，必须从可信的传承处接受教法；

第二点，必须接受并学习了法脉中的心髓诀窍；

第三点，接受之后，必须不停地实修所受的教法，直至显现出证悟的象征。

只要某位上师破坏了以上的任何一条要求——例如不是通过规定的方法接受的传承——那么他的弟子或是他自己，无论怎样修行都不会有任何进步，这就像是永远无法从清水中提炼出酥油一样。

同样，如果一位上师修行的发心不正确，或是并未呈现出任何证悟的迹象，那么他的教法和言教就会像被鼓吹的气球一样，随时会散掉。

通过查阅法脉的历史，可以保证法脉的传承有序，所以，保护所接教法的传承源头以及传承续的明晰清净是至关重要的。

"大圆满有时看似容易，但实则很难而且难上加难。我们常说要用不同的方法来净化自己，但大圆满却说除去本觉，别无万法。所以即使大圆满知之非难，但事实上证悟本觉行之维艰。"

引　　言

　　在本书中，我们为大家所呈现的是，"象雄年居大成就者言教"的内容，简称"嘉热[1]（ སྐྲ་དུ། ）"。几个世纪以来，这个单传（ གཅིག་བརྒྱུད། ）的象雄年居法脉中的大师们所传授的遗教被收集记录为三个版本：短篇（ ཞང་ཞུང་སྙན་རྒྱུད་ཀྱི་བླ་མའི་ཁམས་རྒྱུད་བསྡུས་པ་བཞུགས། ）、中篇（ ཞང་ཞུང་སྙན་རྒྱུད་ཀྱི་བླ་མའི་ཁམས་རྒྱུད། ）和长篇（ ཞང་ཞུང་སྙན་རྒྱུད་ཀྱི་བླ་མའི་ཁམས་རྒྱུད་རྒྱས་པ་སྐུ་སྐྱག་གཉིས། ）。本书属于其中的长篇。

　　《象雄年居》传承篇与其他文献的不同之处在于，这本书是第一部公开展示给大众的，由雍增丹南[2]讲授的象雄年居内容。这本言教的意义极其重大：从历史上来说，这个传承从来没有间断过；对于修行人来说，它是这些伟大上师们的心髓教授。这部耳传释论在忠于原文的同时，它不仅完全超越了学术翻译的范畴，并且承载着这个极其古老的本波大圆满（ རྫོགས་ཆེན། ）传承的生命力。其中的诠释都是基于雍增丹南的实修经验，这极大加深了我们对这些大师们遗教中所包含的那些深刻意义的理解。

　　虽然从传统意义上来讲，在经验传承的传授过程中，作

1　嘉热：这是象雄语。
2　雍增丹南：日喀则市曼日寺经师。

为灌顶的方式，每位弟子都需要通过观想自己的上师，进行上师瑜伽的修行，同时聆听上师的最终教诲。因而，有别于其他释论中将大师的言教与其弟子的图像相关联的排版方式，本书选择了将每位大师的言教都与他本人的图片放在了一起。

这本书包含了最直接的言教，其中不仅记载着文字与故事，还有来自法脉的加持，这就像是打开一个人心门的钥匙，也是通往自己心性的觉醒之路。

目　录

第一篇　来自象雄的大圆满 …………………… 3
　（一）大圆满之道 ……………………………… 9
　（二）法脉传承 ………………………………… 13
　（三）法脉谱系 ………………………………… 21
　（四）象雄噶让与噶让多杰 …………………… 23
　（五）象雄年居法脉与蒙古之间的关联 ……… 27
　（六）经验传承 ………………………………… 31

第二篇　佐巴钦布象雄年居耳传经验传承 …… 37
　（一）简述 ……………………………………… 39
　（二）上师瑜伽 ………………………………… 43
　（三）九大意传上师 …………………………… 47
　（四）大成就者 ………………………………… 57
　（五）最终释论 ………………………………… 159
　（六）箴言 ……………………………………… 165

译后记 …………………………………………… 169

法性周遍庄严之刹土，
至诚祈请法身普贤尊，
自显万法本觉智慧已，
驱除无明明亮至尊灯。
明空无二心脏无量宫，
至诚祈请根本辛拉尊，
指示如来为心如意宝，
了达无执本净自性体。
头顶微妙大乐胜宫殿，
至诚祈请祜主阿扎尊，
引导解脱乐道胜向导，
慈悲不放不离请摄持。

【第一篇】

来自象雄的大圆满

ཞང་ཞུང་རྫོགས་ཆེན།

由于本书所含的这些大师们的最终言教或遗教，都属于象雄的本波大圆满传承，所以简单介绍一下这个古老的象雄政权是十分重要的。

象雄曾是一个王国或部落联邦，占据着青藏高原的大部分地区，但它从文化、信仰乃至政治方面对周边世界的影响远超它的疆界——南至喜马拉雅、西至克什米尔、北至蒙古和南西伯利亚，这些地区都深受象雄文明的影响。

根据本教的传统记载，雍仲本教由敦巴辛饶弥沃（སྟོན་པ་གཤེན་རབ་མི་བོ་）亲自从达瑟沃穆隆仁带到象雄[1]。那个时期的象雄，是第一代象雄王"黄金大鹏[2]角帽持有者"赤维拉杰夏尔金（ཁྲི་ཝེར་ལ་རྗེ་གུ་ལང་གསེར་གྱི་བྱ་རུ་ཅན）统治的时代。在雍仲本教出现之前，当地信奉的是"原始本教（གདོད་མའི་བོན）"，其主要教义是对于各种天神与神灵的供奉与崇拜，直到后来当地的信仰由原始本教逐渐转变为雍仲本教，自此雍仲本教开始在这片土地上生根发芽。

雍仲本在象雄语里被称为"仲木杰（དྲུང་མུ་གྱེར）"，随着时间的推移，雍仲本教的修法，包括"朵"（མདོ་显乘）、"久"（རྒྱུད་密乘）[3]和"佐钦"（རྫོགས་ཆེན་大圆满）的各个次第都在象雄地区被人们传播与修习着，并从这里弘扬到其他地

---

1 根据《雍仲本教史妙语宝库》一书中的内容，雍仲本教由达瑟沃穆隆仁传入象雄地区。

2 黄金大鹏：金翅大鹏鸟，又称为琼鸟（ཁྱུང་），是象雄和西藏本土神话中长相似鹰、头上长角的生物。

3 朵、久是属于本教专用的词语，对应的是梵语中的"显乘"与"密乘"。

方。当"朵"和"久"的教法被整理成文字并记录在册的同时，大圆满的教法还是完全延续着口耳相传的方式，直到八世纪才由郎协勒波大师记录成文字教法。

在第一代赞普聂赤赞普时期，雍仲本教从象雄传入了刚刚成型的吐蕃地区，为后来吐蕃政权的兴盛打下了坚实的基础。雍仲本教的文化渗透进了吐蕃的方方面面，无论是当地的宗教信仰还是世俗生活，雍仲本教均对其产生了深远的影响。但在公元八世纪时期，由于统治者的政治打压与宗教煽动，雍仲本教遭受了严重的打击，并导致一部分狂热分子转向了印传佛教。正如部分派系观念较重的佛教学者一直想让大众相信的那样，密宗的开创者、伟大的圣者、密乘行者莲花生大师，似乎并没有参与到这次的迫害中。相反，他积极参与保护本波教法的工作，并将诸多本波理论编入到他的教法，从而创立了藏传佛教。

在同一时期，雍仲本波的大成就者（གྲུབ་ཐོབ）——第三世占巴南卡大师[1]，与佛教的巴果贝若扎那（སྤ་གོར་བེ་རོ་ཙ་ན）大译师一起创立了一个新的修行体系，称为"萨尔玛本[2]（བོན་གསར་མ）"。在这个雍仲本教和印传佛教融合的体系中，佛教方面采用由莲花生大师传承的，以梵文佛教经本直接翻译出来的印传佛教教义作为基础，而本教方面则采用敦

1　有三位大师都使用了同样的名字，他们是同一位大师的连续转世，这位大师最早显现于象雄的一朵蓝色莲花中。
2　萨尔玛本：也被称为"新本教"。

巴辛饶弥沃的"根本教义（བཀའ་ཉིད།）"作为基础。这个修行体系流传到今天仍旧非常活跃，尤其在西藏东部广为流传。

从藏传佛教的出现到十几个世纪之后的现在，藏传佛教仍深受雍仲本波教法的影响，十八世纪的格鲁派学者土观确吉尼玛（ཐུའུ་བཀྭན་བློ་བཟང་ཆོས་ཀྱི་ཉི་མ）在学修完藏传佛教和本波的全部教义之后曾说："本教中有佛教，佛教中有本教，我虽有双善于观察分别的眼睛，却实在无法看出这两者的区别。"因此我们可以说，来自于象雄的古老本教，不仅贯穿了整个西藏的日常文化，更流淌于藏传佛教每一教派中。直至今日，无论是对于本教徒还是佛教徒，这来自象雄的本教文化一直作为西藏社会与文化的奠基石，持续地服务着每一位藏族人的精神世界与世俗生活。

尽管雍仲本教在公元八世纪时期遭受了严重打击，同时又受到来自外部印传佛教的影响，但敦巴辛饶所讲授的教法心髓还是被完整无损地保留了下来，直到今日仍然以它最根本的面目被众生修习与传扬着。虽然在公元八世纪时有很多雍仲本教的经文被封存起来，直到后期才被重新掘藏，这一点和宁玛伏藏（གཏེར་མ）是一样的，但例如象雄年居等某些法脉，却从未被封存过，一直无间断地被弘扬和修持着。

象雄年居并不是唯一在象雄传播的大圆满教法。其他的大圆满教法中还有两个主要的教法"扎巴果松[1]（བསྒྲགས་པ་

---

1 扎巴果松：宣讲三类。

ཀློང་གསུམ།）"和"森美德格[1]（སེམས་སྨད་སྡེ་དགུ།）"。可惜在公元八世纪时，这两个教法必须像"伏藏"一样暂时被隐藏起来。正是这一原因，相比其他无论是本教还是佛教的大圆满传承，象雄年居的教法都显得更为独特。

首先，象雄年居是由敦巴辛饶亲自带到这个法界的，它是地球上最古老的大圆满传承；其次，它从未被伏藏过，从衮德桑布（法身佛）直到我们，一直保持着从未间断的传承。因此它不仅包含着清净、无改的大圆满见地和修行方法，还有年居法脉内从古至今一切成就者的巨大加持。

为保证这个传承的清净无改，确保大圆满的见地清晰明确，保护法脉的加持不断，在传法的过程中要遵守非常严格的戒律。无论何人均需获得四项非常特殊的资格后，才可宣讲耳传四部教法[2]。这些特殊的资格在经文《耳传根本见，禅定修持道》（ཞུ་བ་རྒྱུ་གཅོད་ཀྱི་མཐའ་བཤད་སྒོམ་པའི་ལག་ལེན།）所记载的"耳传外部言教"里面有详细的解释。

一位象雄年居上师必须：

1. 从未曾间断过的法脉中获得清净的传承；

2. 清晰明确地理解象雄年居的经文里所记载的所有内容，而且不会被显乘、密乘和其他大圆满的教法所混淆。象雄年居必须保持清净无改；

---

[1] 森美德格：《下心九部》阿赤大圆满的原型。
[2] 象雄耳传的根本教法分为外部、内部、密部和极密部，共四部教法。

3. 不仅可讲述经文的内容，还要有实修经验；

4. 没有被其他任何教派、法脉或者经文的内容影响过，必须清净无改。

只有具备这些资格的修行者才能作为象雄年居的传承上师。

正是因为这些严格的条件，象雄年居的教法传到我们这一时代才能继续保持着清净无改，一如当初桑瓦度巴（གསང་བ་འདུས་པ།）传给雍斯达巴的教法般原汁原味。

（一）大圆满之道

在本书中所呈现的智慧教法，是由那些已经通过这条实修道路取得其最高果位——证悟彩虹光身[1]（འཇའ་ལུས།）（以下统称为"虹光身"）的大圆满上师们给予的经验教授。对于那些已经证悟虹光身的上师们来说，死亡并不会再以常规的形式表现出来，相对的，由于肉身已经完全回归了五大元素的精华当中，也就再也不会有任何的尸骸留下。这种觉悟的象征并不是骗人的伎俩或者魔术，而是大圆满修法圆满后

---

[1] 虹光身：本教大圆满传承有三种主要类型的虹光身。

(1) 第一种，即最高的层次称为"大迁转虹光身"（འཇའ་ལུས་འཕོ་བ་ཆེན་པོ།）。达到这一境界时，修行人在圆寂前就会圆满成就佛的果位。在凡夫无法察觉的状态下，修行人的肉身会转化为五大元素的精华——五大之光（འོད་ལྔ།）；而这样的成就者也就不会再出现任何死亡的征兆。达到如此成就后，可在世间任意时空消失或显现，从而给予那些寻求解脱之路的众生以引导。那些早期的象雄年居大师们，包括其他本教大圆满传承的瑜伽士们（例如才旺仁增ཚེ་དབང་རིག་འཛིན།），都达到了这个境界的觉悟。佛教大圆满传承中的莲花生大士和无垢友大班智达，据称也达到了这一层次的觉悟境界。

(2) 第二种虹光身是在修行人示现圆寂的同时，肉身完全回归五大精华的彩虹光中。达到这一觉悟境界的被称为光身或透明身（འོད་སྐུ་འོད་ལུས།）。

(3) 第三种境界是修行人在示现圆寂时，肉身不断收缩，直到最终只剩下头发以及指甲；这些部分被认为是身体以外的物质，因为在修剪的时候并不会感觉到疼痛。有些时候，修行人的躯体并没有达到完全的分解融入元素精华，他们的躯体或多或少地收缩了一部分。在这种情况下，修行人虽然得到了高层次的觉悟，但是他/她在有生之年并没有圆满地完成托噶（ཐོད་རྒལ།）的修行。

的一种自然显现出的状态。在这个层次的大圆满修行人已经净化了全部的业力，他的无明已经完全回归到了它的本源——清净本性[1]（སེམས་ཉིད།）当中，修行人也会同时证悟三身佛——法身、报身和化身[2]的境界。

在雍仲本、萨尔玛本和佛教的宁玛派（གཡུང་དྲུང་བོན། བོན་གསར་མ། རྙིང་མ།）传承中，大圆满法都被认为是超越一切的无上密法。从大圆满法的角度来看，显乘和密乘的教法并非直指一切万法的本质（ཀུན་གཞི།）——心性，而是始终要依靠意识来作为净化业力的手段，但这只是暂时的教法。显乘的教法讲述的是舍弃的方法，而密乘的教法讲述的是转化的方式，两种教法都是通过精神方面的锻炼，从而在向着解脱的道路上前进。大圆满法的特殊性在于并不需要依赖意识或者精神去达到三身佛的境界。大圆满法独特的教义是"自解脱"或者"无可修"地直接洞察清净本性，也就是一切的本质，从而对身、口、意的无明和幻相进行无上的、最有力量的净化。通过清楚地认知凡夫意识和清净本性的不同，并且无造作[3]（གནས་ལུགས།）地自然安住，从而不再跟随任何思绪或者意识的波动时，一位大圆满修行人可以将一切五毒、无明或者错觉回归到它们的本源，并最终成就佛果。对于上根器者，这种大圆满的觉悟在一生之中就可以成就；而对于中根

---

1 本性：意同心性本觉。
2 万法究竟根本法身佛（བོན་ཉིད་དབྱིངས་ཀྱི་སྐུ།）；智慧功德圆满报身佛（ཡོངས་རྫོགས་རྫོགས་པའི་སྐུ།）；应机所现怙主化身佛（ཆེར་ཡང་སྤྲུལ་པའི་སྐུ།）。
3 无造作：本来如是。

器者，在三世之内也可以成就。这要比显乘需要三大阿僧祇劫[1]（གདན་མེད་པ་གསུམ།）和无数大劫（བསྐལ་པ།）才可成就的教法迅速很多，也比密乘所需要的七世快了很多。

因此，大圆满法看起来也许就像是成就佛果的"捷径"。它可能听起来很直接也很有诱惑力，但是事实上大圆满法被称为是"无所修"的修行之道，其中有一个最重要的关键点绝对不能被忽略，就是"大圆满"和"学修大圆满的人"的区别，换句话说就是"本性"和"正在大圆满之路上的修行人"的区别。大圆满是超越圆满的。这就意味着一切的道与果都是本身自圆满的。所以从大圆满的见地（ལྟ་བ།）或者本来清净圆满的心性[2]（གཞུང་ཆུབ་སེམས།）角度来看，是不需要去单独修习出离心、菩提心以及慈悲心等的，因为它们自然地包含在大圆满的根本状态里。这就是大圆满的"基位见地"。

为了避免弟子陷入到错误的"虚无主义"当中，雍增丹南不停地阐述着"大圆满"与"大圆满修行人"之间的区别。有些人认为，由于大圆满是最高的"无取无舍"之见地，所以，大圆满修行人并不需要行善和积福，可以随意地表现出负面状态甚至行恶。这种见地与真正的大圆满见地相差甚远。大圆满修行人并不是"大圆满本体"，而是一个正在通过修习大圆满法，来净化他的无明的大圆满法行持者。因此，每一个大圆满修行人都要认清自己所觉悟的层次。

---

1 三大阿僧祇劫：三无量劫。
2 本来清净圆满的心性：菩提心性。

我们中的很多人都听过或者读过，关于那些觉悟大圆满的瑜伽士或者大成就者们的故事，他们有些人的行为十分怪异，大多看起来非常不合情理，并且都超越了世俗社会可以接受的标准；有些修行人试图去效仿这些"疯智行为"，但是他们并没有认知到，这些行为的基础，是对于本觉的圆满证悟，是无论白天或是黑夜，不管身、口、意的哪种行为都可以安住在本觉当中的证量。在没有达到这种证量之前，仅仅只是模仿"疯智行为"而没有内在的觉悟作为支撑是极度负面的行为，会导致积累下大量的恶业。一个大圆满的修行人，必须清醒地认知他自己真实的证量。如果修行人并没有可以随时安住在本觉的证量，那么，就必须要通过十善的修行，积累福报，清除障碍，从而让自己可以不受打扰地专注在本觉当中。而当一个修行人的证量，渐渐地提升之后，他的各种行为会与他对于清净本性的认知合而为一，这个时候，修行人的行为会无须刻意地、自然而然改变。这就是一个大圆满修行人应该有的见、修、行，这个观点在阅读这本书的时候十分重要。

（二）法脉传承

为了能更好理解象雄年居的独特性，以及此传承举足轻重的意义，我们需要先快速地浏览一下这个最值得让人尊敬的本教大圆满传承续。它的根源来自于衮德桑布（法身佛），通过超越语言文字的心识传承给九位意传上师（བདེར་གཤེགས་དགོངས་བརྒྱུད་）：

① 耶尼敦巴（ཡེ་ཉིད་ཀྱི་སྟོན་པ། 本古衮德桑布 བོན་སྐུ་ཀུན་ཏུ་བཟང་པོ།）

② 突吉敦巴（ཐུགས་རྗེའི་སྟོན་པ། 佐古辛拉沃噶 རྫོགས་སྐུ་གཤེན་ལྷ་འོད་དཀར།）

③ 智比敦巴（སྤྲུལ་པའི་སྟོན་པ། 朱古辛饶钦波 སྤྲུལ་སྐུ་གཤེན་རབ་ཆེན་པོ།）

④ 日比敦巴（རིག་པའི་སྟོན་པ། 才美奥德 ཚད་མེད་འོད་ལྡན།）

⑤ 持辛龙德（འཕྲུལ་གཤེན་སྣང་ལྡན།）

⑥ 瓦郎科叙（བར་སྣང་ཁུ་བྱུག）

⑦ 桑萨仁尊（བཟང་ཟ་རིང་བཙུན། 西饶强玛 ཤེས་རབ་བྱམས་མ།）

⑧ 祺麦祖普（འཆི་མེད་གཙུག་ཕུད།）

⑨ 桑瓦度巴（གསང་བ་འདུས་པ།）

尤其重要的一点是，根据雍增丹南所述，在传承续最开始的三位意传上师——本古（法身佛）、佐古（报身佛）、朱古（化身佛），代表了雍仲本教祖师、象雄年居传承续的开创者敦巴辛饶弥沃的三个方面，即衮德桑布、辛拉沃噶和辛饶钦波分别代表本教佛祖辛饶弥沃的身、口、意。才美奥德也是敦巴辛饶的一种化现。

在敦巴辛饶弥沃化身于人界之前，持辛龙德和桑萨仁尊（西饶强玛，大悲智慧慈母）是敦巴辛饶弥沃在天界显现为祺麦祖普时的父母。

瓦郎科叙同样是辛饶弥沃佛的一种化现，他幻化成一只蓝色的杜鹃神鸟，在桑萨仁尊沐浴的时候落在了她的肩头，因此与她产生了一种清净受孕的联系，从而诞下了祺麦祖普。

桑瓦度巴是意传传承续中的最后一位，他降生于达瑟沃穆隆仁，后来升入净土，于祺麦祖普座下学习密宗与大圆满。

从某些角度来说，象雄年居的传承与后来的印传佛教有着千丝万缕的联系，所以本教修行人十分尊敬印传佛教，认为其教法是完全可信的，因为其教义与本教传统的教义完全一致。

曾经有人问雍增丹南："为什么本教修行人不修习印传佛教？"他回答说，这是因为雍仲本教拥有着大量的修行法门，为了能修习好这些法门就不会有过多的剩余时间来修习其他教法。虽然忙于花费大量的时间修习本教浩如烟海的法门，但同时雍增丹南本人也学修了藏传佛教各个教派的教理教义，他尤其推崇的是龙钦饶绛尊者（ཀློང་ཆེན་རབ་འབྱམས་པ།）的作品：

"象雄年居的经教就像一位老者所讲的话语，直白且直指。里面没有过多的解释和事例。其他的经教，比如说《南卡普卓》[1]和《央孜隆钦》，用了非常唯美的词语，就像一位大学教授在诠释着什么。

我的感觉是，龙钦饶绛尊者的作品跟《象雄年居》的风格一样，用的词语非常相似，表达的意义也是相同的。他在《七宝藏·胜乘宝藏论》（མཛོད་བདུན། ཐེག་མཆོག་མཛོད།）里非常清晰全面地阐述了本觉的状态，是这部经论中第二卷里最先叙述的内容，其超越了思维造作，是精髓中的精髓，龙钦饶绛尊者诠释的非常好。虽然其中所解释的内容和用词并没有与《南卡普卓》《央孜隆钦》和《象雄年居》完全一样，但是也讲到了究竟的真理上面。这部经论的结构与另外三部是不同的，这部里面加入了一些词语和释论，它虽然没有用一模一样的方式来阐述各种观点，但其中所包含的究竟见地与其他三部是相同的。"

在各种各样的场合中，雍增丹南都曾叮嘱大家要有一个"开放式的思维"和"无教派分别的态度"，并开示他们，无论是本教的祖师敦巴辛绕还是印传佛教的佛陀，都是超越宗教偏见的圆满觉悟者，而"佛"的意思是我们本有的、没

---

[1] 《南卡普卓》：又称《空幻宝库》。

有分别的"清净佛性"，这才是"佛"的真正意义。同时，教义中也阐述过，对于那些祈求修习象雄年居的修行人，必须要严格遵守他们的誓言与承诺，这是作为弟子必须要遵守的五项条件之一。

后来，桑瓦度巴把法脉传给了天界导师——拉（ལྷ）本雍思达巴，从此开始了二十四位耳传尊者上师（གངས་ཟག་ཉི་ཤུ་རྩ་བཞི）的法脉传承。当时，语言作为这个教法的传授方式，在最秘密的情况下，由上师通过一根竹筒把教法耳语给自己的亲传弟子，所传之法就是耳传四部教法《经续四部》。在象雄耳传中有四部教法，分别是：

①《外见地总断》——外部言教针对的是对于大圆满整体见地的阐述；

②《内诀窍面传》——内部言教是关于耳传要点的介绍；

③《密明觉裸见》——密部言教传授的是显证赤裸明点（རིག་པ）或自解脱；

④《极密决断本性》——极密部言教讲授的是直指本性的诀窍。

拉本雍思达巴把教法传授给了来自龙族（ཀླུ）的鲁本巴南。随后，鲁本巴南又把教法传给了来自雍仲本教发源地，位于冈底斯山西北部，生活在非常古老的象雄内区域中的人族——弥本赤德桑布。后来赤德桑布又把教法传给了象雄人巴南觉波，从此，这个教法一直在象雄地区留存下来，经过几个世纪的时间在大师与大师之间一对一地口耳单传着，因此它被称为——"象雄耳传"。而这一部分的传承被称为"耳传二十四位虹化大师"，它后期也被分成了四个部分，分别是：雍仲菩萨表传上师（གཡུང་དྲུང་སེམས་དཔའ་བརྡའ་བརྒྱུད།），持明意传上师（རིག་འཛིན་རིག་པའི་བརྒྱུད་པ།），口耳相传上师（གང་ཟག་སྙན་ཁུངས་ཀྱི་བརྒྱུད་པ།）与光明智者传承上师（མཁས་པ་འོ་བཟང་གི་བརྒྱུད་པ།）。

二十四位虹化大师的最后一位是瑟鹏达瓦坚赞，他把象雄耳传法传给了达布士扎。经过九年与世隔绝的修行后，达布士扎也像前面所有象雄年居大师们一样获得了大[1]迁转虹光身（འཇའ་ལུས་འཕོ་བ་ཆེན་པོ།）的至高成就。

对象雄耳传法脉来说，第二十五位虹化大师达布士扎是至关重要的。在他获得了虹光身成就之后，他显现成一位牧童来教导古如郎协勒波大师，也就是最后一任象雄王——李弥嘉的国师。正是达布士扎准许把《耳传四部教法》整理成文字教法，也是达布士扎准许教法即使是在同一时代，也不再必须是一脉单传，可以把教法同时传授给更多的弟子，因此该教法才得以传播得越来越广。

他这样做的原因是为了应对在吐蕃政权形成初期，雍仲本教开始出现的越来越不稳定的危险境况。因为政治的原因，吐蕃赞普赤松德赞决定更倾向于印传佛教而不是雍仲本教，

---

1 "大"为"超越"之意。

并在公元 749 年对雍仲本教进行了迫害。此外，吐蕃决定要与象雄挑起战争，也使得雍仲本教处在威胁当中。通过叛变和诡计，统治者指使的人最终成功地伏击并杀害了国王李弥嘉，因此象雄陷入混乱当中[1]。

---

1 此处译者的观点与作者观点不同，特在此处列举出本教传统记载（经师阿扎讲授）：

象雄王李弥嘉与松赞干布为同一时期人物，而并非赤松德赞。松赞干布把自己的妹妹塞玛噶进献于象雄王李弥嘉，但是塞玛噶一直被冷落并不得宠，由此怀恨在心。同时松赞干布的心中已经有了想要颠覆象雄的野心，但苦于国力不济，不敢轻举妄动。他先是派遣了一位做事心狠手辣的心腹以探望妹妹的理由接近李弥嘉，观察李弥嘉的状况和态度。而后塞玛噶接见了这位臣子，并让他转告哥哥，如果他真的是一位顶天立地的男儿，那就覆灭象雄，而她会作为内应，里应外合帮助松赞干布一举杀害李弥嘉，并约定好如果有合适的机会她会通知松赞干布。

孜珠山作为外象雄的核心地区，象雄王每年都要来此朝拜和巡视，但是出行时间都是秘密计划的。由于李弥嘉也怀疑松赞干布心有歹意，所以特别为此软禁了塞玛噶。而塞玛噶在自己的脸盆里放了一块海螺片、一块银锭和一支利箭并想尽办法让人送到了松赞干布的大臣手里。这些器物所代表的寓意是：在去孜珠山的路上要经过一个叫海螺谷和银谷的地方，一定要在这里埋伏并杀掉李弥嘉。松赞干布收到消息后，在此地进行了周密的埋伏，由于李弥嘉是秘密出行，并没有带大量的军队跟随，又是被有预谋地埋伏设计，最终在此地被杀。据史料记载，此役并没有发生大规模冲突，也没有大量的伤亡，但是象雄王李弥嘉被证实确实陨落于此。自此之后，象雄开始土崩瓦解，而吐蕃政权逐渐开始崭露头角。此观点是雍仲本教的传统观点，经过无数个时代，很多高僧大德都对此进行了研究与论证。现代这个观点之所以与国内外的一些学者的观点相悖，主要原因有两点：

第一，松赞干布时期，吐蕃政权无论从人口、经济还是军事方面都与象雄相差甚远，学者们猜测松赞干布不会产生覆灭象雄的念头。

第二，赤松德赞时期，象雄的后裔曾经组织过起义活动，最终被赤松德赞所镇压。很多学者误以为这几次的军事活动是覆灭象雄的军事活动。

然而矛盾的是，正是因为李弥嘉的陨落和象雄的瓦解，反而把雍仲本教从灭绝的边缘拯救了回来。如同我们所了解的，古如郎协勒波原本是李弥嘉的国师。他除了是一位大圆满修行人外，还是一位证得很高成就并获得无数神通的密宗瑜伽士。他通过修习本尊（ཡི་དམ།）"象雄美日"（ཞང་ཞུང་མེ་རི།）——密宗本尊"瓦钦格阔"[1]（དབལ་ཆེན་གེ་ཁོད།）的忿怒相，从而获得了这些成就。在李弥嘉遗孀的请求下，郎协勒波大师对赤松德赞施展了"黄金咒术"[2]，这对吐蕃赞普造成了致命的伤害。意识到伤害的来源之后，赞普派遣了一百名骑士去象雄寻找郎协勒波与他谈判，以求保全自己的性命。他们在塔若错（ད་རོག་མཚོ།）的一个岛上找到了大师，并请示他的条件。大师同意只要满足三个条件就可以消除那些咒术：

①建造一座大型金质神龛来安葬象雄王李弥嘉；
②免除郎协勒波宗族的赋税，并且要在吐蕃的政权中享有特权；

---

1 瓦钦格阔：大锋焰格阔。
2 在格阔本尊（降魔本尊）的仪轨中，有一个很短的章节里提到了关于"五行咒术"的内容，在某些极端时刻，例如：教法即将被破坏、教派处于灭绝边缘或上师生命受到威胁等，共十种不同的情况下，该咒术可以作为降魔之用。通过对金、木、水、火、土等物质的加持，再经过念诵咒法，最终通过修行人的观想施展到目标身上，而郎协勒波大师所施展的咒术就是其中的"黄金咒术"。——译者注

③不得以任何形式抑制或禁止由郎协勒波所传授的三百六十部雍仲本教的法门。

吐蕃人没有任何的选择余地，只能同意了这些条件。随后，郎协勒波前往吐蕃，并从吐蕃赞普身上消除了密咒。由于象雄年居大圆满是郎协勒波主要传播的教法，因此它从未被禁止、毁灭或者像伏藏一样被隐藏过。此外由于经历了这个时代的各种动荡，也预见到未来时代所要经受的骚乱，郎协勒波大师为耳传教法找到了强大的护法者。他运用神通伏服了两名来自于远古并非常有力量的护法，使他们发下誓言保护教法，其中一位就是强大的天神——尼邦塞呙（ཉེར་རོ་ཉི་པང་སད།），他不仅在象雄受人供奉，而且在中亚和内亚地区，以及亚欧大草原、西伯利亚等地也被人们用不同的名字供奉着。而另一位护法神则是他的明妃——神女美莫（སྨན་མོ་ཀུ་མ་ར་རྗེ།）。从公元八世纪开始，这两位护法神就与象雄年居教法产生了密不可分的关系，负责保护它的完整性和修行者们。

尽管在这个特殊的时间段，达布土扎准许郎协勒波把教法以群体的形式进行传授，以饶益更多的众生，但这个单传法脉最心髓的大圆满极密部，仍然保持着秘密的状态，从一位上师传授给一位弟子，而且从未中断过，直至现在。

（三）法脉谱系

郎协勒波的重要性还在于，他汇集了象雄年居法脉中的所有传承于一身。前文中，我们一直在强调的传承被称为"没有间断过的传承"（༒༒༒༒༒༒），其中的每一位大师彼此间都是师徒关系，没有出现过时间断层。然而，在年居法脉中，还有一支"中断过的传承"（༒༒༒༒༒༒），这个传承有着几个分支。它被称为"中断过的传承"，并不是因为它的传承完全断掉了，而是当这个耳传传承被梳理记录下来的时候，其中有着时间续上的断层。巴腾吉赞波[1]对此作了这样的注解：

对于上面所讲的传承来说，并没有一个总年表。那么，可能就会有人反驳，"如果没有一个明确的来源，如何把它认知为本教的传承？对于任何传承来讲，根源都是非常重要的！"我们这样回答："这个根源，它来自于霍迪钦波（他是可信的源头）。虽然，这个传承被分割成段，但是仅有一个根源（至尊霍迪大师）。但由于它已经被分段，所以被称为'不连续的传承'"。

---

1 巴腾吉赞波是十五世纪与象雄年居传承密切相关的历史人物。

在这个间断的传承中有三个分支,它们都通过意传上师中的其中一位(祺麦祖普、桑瓦度巴、耶辛祖普[1])直接传递给某一位象雄的大成就者。最终,这三个分支都和"没有间断过的传承"一起汇集到郎协勒波身上。

---

[1] 依照雍增丹南所讲,虽然耶辛祖普并不在九位意传上师当中,但是他也是一位佛陀,也是直接从衮德桑布处得到的传承。——译者注

（四）象雄嘎让与嘎让多杰

在桑瓦度巴的传承续中，出现过一支有过间断的大圆满法脉[1]，其中有一位非常有趣的人物，这位大师的名字叫作象雄嘎让。几位著名的本教学者，诸如雍增丹南等都曾提出过这位大师也许与宁玛大圆满传承中的嘎让多杰是同一个人的假设。学者南卡诺布也曾经提到："从象雄耳传教法的历史中我们了解到，自辛饶弥沃切开始传承的大圆满法脉的第十三位传承人就是象雄嘎让，他和嘎让多杰也许就是同一个人。而藏传佛教大圆满文献中记载的'十二初祖'也有可能就是源自象雄嘎让之前的十二位象雄大圆满传承祖师。"由此可见，藏传佛教宁玛派与本教大圆满的教法可能有着相同的传承，而两者的根源也许都同样来自于雍仲本教的佛陀敦巴辛饶弥沃。

而且，这两支西藏的大圆满传承是来自于同一个根源的依据，不仅是因为他们的源头都是法身佛，也有可能在法脉传承的地理区域上找到相关的证据。两个传承都来自于亚洲中部，经历过当时不同的国家后传入到西藏，其中宁玛传承

---

[1] 在象雄年居的传承续中，有个不同的分支法脉，其中不仅包含没有间断过的法脉，还出现过有着"间断"的法脉。这并不是指这支法脉真的出现了断档，而是把大师们的时间用文字记录下来后，按照年代顺序来进行排列时，中间出现了时间上的空白，所以把这些法脉归为有过"间断"的法脉。

的源头可以追溯到乌金国（ཨུ་རྒྱན།），本教的传承则来自于象雄。乌金国与象雄接壤，它们的边界在当时并不明确，这跟现代社会的状态完全不一样。有些本教的觉悟者，比如占巴南卡、才旺仁增（ཚེ་དབང་རིག་འཛིན།）和白玛同卓（པད་མ་མཐོང་གྲོལ།）等，经常在象雄与乌金之间来回游历，他们甚至将本波的教法传播到了印度[1]。所以，也许噶让多杰与象雄噶让从历史上来讲就是同一个人。更何况，事实上本教和宁玛派的大圆满法在基道果的教义上没有任何的区别，这也为这个假设提供了有力的支持，所有这些证据都表明了他们有着一个共同的源头。

近代发现的一些文献资料，也把噶让多杰与本教大圆满联系在了一起。比如说，由伟大的伏藏师（གཏེར་སྟོན་པ།）雍仲林巴[2]（གཡུང་དྲུང་གླིང་པ།）重新掘藏的经典《大圆满金棍》[3]中提到：

当时，贝若扎那正坐在不丹的虎穴（སྤ་གྲོ་སྟག་ཚང་།）。有一晚，他正在山洞中修行，山洞中突然充满了光，大地开始震动，并响起如同龙吟般的声音。贝若扎那看到，在他前

---

1 即印度本（རྒྱ་གར་བོན་སྐོར།）。
2 雍仲林巴（1346—1405），别名多杰林巴（རྡོ་རྗེ་གླིང་པ།），是少数几位既掘藏出本教经典又掘藏出宁玛经典的伏藏师之一。
3 在藏语中此经文原意为《黄金筷子》（རྫོགས་ཆེན་གསེར་ཐུར་བའི་ལོ་རྒྱུས་སྙིང་ཆེན་མོ་གནད་ཀྱི་འབྱེད་པའི་ལྡེ་མིག་ཅེས་བྱ་བ་བཞུགས།），汉语译师们为方便大众理解先后翻译成《黄金杵》或《黄金小棍》。经师阿扎注释，此处大圆满金棍的密意代表的是"黄金之髓"，是黄金之中最纯的黄金髓，也代表着密法中最极密的心髓部分，是密法中的密法，心髓中的心髓。

方的彩虹光圈中,显现出了占巴南卡与他的两个儿子,他们直接出现在了他的面前。占巴南卡显现为白色身,戴有六个骨饰。他的右手持有一个旋转的雍仲万字符,并举至与自己头部等高的位置;在他的左手中有一个盛满鲜血的托巴(头颅或头盖骨);在他的腋下夹着一把三叉戟,上面镶有宝石并垂挂着丝绸。他处于一种舞蹈的状态,并变换着不同的舞姿。

他的儿子才旺仁增,显现为暗白色身。他身上所有的装饰都是圆满的,贝若扎那看得非常清晰,他当时对才旺仁增产生了强烈的虔诚心。

这部教义是用黄金写成,被装在了一个黄金宝匣中。占巴南卡用宝匣触碰了贝若扎那的额头、颈部以及胸口,对他进行了四灌顶。

占巴南卡给贝若扎那传授了修习教法的三个诀窍与引导。

他说:

"吽!

善男子!不要迷惑!凝听我说!

我是噶让多杰,

我是占巴南卡,

我是拉果妥烈巴(ལྷ་ཕྲོད་ཐོག་ལས་འབར།),

我是南卡雍仲(ནམ་མཁའ་གཡུང་དྲུང་།),

我也是珠塞钦巴(འབྲུག་གསས་ཆེམ་པ།),钦巧堪江(ཆེ་མཆོག་མཁའ་འགྱིང་།)。

我显现为法身之相。

对我虔诚信仰者，我会以报身相显现，
业力未净者会见我为化身相。
我是三身佛的精髓之王，
也是生死自在的喇钦占巴，伟大的虚空上师。
此乃本波教法极密乘之精髓，大圆满金棍的甘露水滴，实修此法并像宝藏一样隐藏起来。"

随后，他把教法交给了贝若扎那。贝若扎那把此法隐藏在了不丹的狮穴。

达布士扎也被称为是占巴南卡的显现之一，从而又把我们带回到了象雄年居的法脉当中。

（五）象雄年居法脉与蒙古之间的关联

由祖师祺麦祖普传授的传承中，有一支被认为是已经中断了的法脉，但在研究这个法脉时发现了两位令人关注的人物：桑巴本波阿瓦东与嘉银本波桑瓦乌金。

前者拥有纯正的原始蒙古人血统，并从象雄年居系谱中这条法脉的第十一位喇嘛热桑宁阔处求得传承。桑巴本波阿瓦东的弟子嘉银本波桑瓦乌金是汉族人。后来这两位大师都回到了自己的家乡，并开始传播象雄年居大圆满教法，而这两支法脉后来的传承如何，我们并没有确切的消息。但无论如何，我们可以确定的是，他们两位都如同他们的上师一样证得了虹光身成就。

桑巴本波阿瓦东的家乡在藏语中被称为苏毗。苏毗人被认为是在那个历史阶段中，由几大游牧部落组成的鲜卑族中的一部分。

鲜卑领袖檀石槐在统一鲜卑各部后，又进行了大规模的军事活动，从匈奴手中掠夺了欧亚大草原、青海湖和安多藏区的控制权（168—173 年），自此鲜卑人开始了第一次辉煌时期，这也是鲜卑历史上最辉煌的时期。

鲜卑政权一直持续到到公元四世纪后，各部落开始独立发展，称为"拓跋"与"慕容"等。

这些鲜卑政权有一部分是由西北部的中原王朝所控制，而现在的安多藏区在当时是由鲜卑王族和贵族执政。时间最久的鲜卑政权是吐谷浑。吐谷浑一直存续至公元 633 年，其西部后被松赞干布控制，另一部分则臣服于唐王朝。桑巴本波阿瓦东就应该是在这些地区中土生土长的人，并且他很有可能就是鲜卑族或者是其中一个鲜卑部族的人，因为他被描述为萨格巴[1]（སོག་པོ་），在藏语里就是蒙古人的意思。

有一个令人关注的线索，也许就是桑巴本波阿瓦东的象雄年居教法一直留存至今的证据，这证据来自于西伯利亚南部的布里亚特蒙古族中的一位伟大的上师索德喇嘛（1846—1916 年）。索德喇嘛住在巴尔古津山脉，布里亚特的东北部，他在当地很有名气，并被众人奉为上师顶礼膜拜，他无分别地同时进行着格鲁派教法的修行和当地本土宗教"波默格尔[2]"的修行。

在他的一生中，曾经展现出了很多不可思议的神奇力量，甚至连他的圆寂都同样意义非凡。他要求人们把他独自留在杨树林中，在嫩枝搭成的储物帐篷内等待死亡的来临，并要求等待九天的时间。但是他的大弟子实在是过于担心自己的师父，所以在第七天就打开了帐篷，发现索德喇嘛的身体缩小到了一个婴儿般大小。这种状态与西藏大圆满修行人证悟的虹光身描述的一模一样。

1　萨格巴：蒙古人。
2　波默格尔（бөө мүргэл）是蒙古族与布里亚特人的一种信仰体系。

根据村庄中老人的说法，索德喇嘛的父亲和祖父并非佛教徒，也不知道大圆满法或者大圆满法的特殊成就，更不要说大圆满的见地，但是他们最终圆寂的状态跟索德喇嘛圆寂时的情况是一样的，他们也没有留下遗体。虽然索德喇嘛选择了佛法修行，并成为了一位喇嘛，但是他的父亲和祖父都是纯正的波默格尔教神父。由于格鲁派的教法里并没有大圆满传承，而索德喇嘛的父辈又没有与其他佛法教派有任何的交集，所以唯一合乎情理的解释就是，也许有一些本波教大圆满的传承，甚至是桑巴本波阿瓦东的象雄年居传承，在布里亚特被保留了下来，并流传到了公元二十世纪（索德喇嘛并没有继续往下传承）。

如果真是这样的话，那么本波大圆满的教法所弘扬的版图，要比先前所设想的还要宽广很多。

（六）经验传承

在象雄年居大圆满的传承体系中还有着另一支教法系统，它与上文所提到的"四部教法"传承并存，被称为"经验传承"或者"念居"[1]（ཉམས་རྒྱུད།）。念居的教法由单传法脉中每一位成就者所传授的"最终言教"组成，他们把自己觉悟的精髓进行总结，并传授给他们的心子，也就是下一任的法脉继承者。法脉随着时间的推移而发展，因此所积累的言教也越来越多。很长一段时间，念居的法脉传承与四部教法的主要部分"尕居"[2]（བཀའ་རྒྱུད།）是同时传授的。直到第三十二位大师，即彭钦赞布（这位大师在这个传承中非常重要，他把象雄年居教法从象雄文翻译成了藏文），他把念居和尕居分别传给了不同的弟子，他先把念居传给了彭钦楞珠穆德，随后传承给了辛嘉拉瑟、拉贡卡波、艾珠坚赞仁莫和哦贡衮德。这个法脉被称为下部传承（སྨད་རྒྱུད།），因为它是通过彭钦赞布在下象雄（现在的西藏西北部）传播的，在本书中所展现的就是这个经验传承的教法。

我们应该把注意力在辛嘉拉瑟身上停留一下，不仅是因为他和这个法脉结缘时精彩绝伦的故事，更是因为他与

---

1 念居：经验传承。
2 尕居：经教传承。

十世纪的宁玛派大师宿波切释迦迥奈（ཟུར་པོ་ཆེ་ཤཱཀྱ་འབྱུང་གནས།）之间的关系。当时，这位大师来到位于当惹雍措附近的雍仲拉孜（གཡུང་དྲུང་ལྷ་རྩེ།）隐居地拜访辛嘉拉瑟，祈求大圆满法的传承。辛嘉拉瑟同意后便将念居的教法传授给了他，同时，这两位大师也成为了非常亲密的朋友。后来，宿波切释迦迥奈询问辛嘉拉瑟是否可以把他在辛嘉拉瑟处接受的教法通过文字记录下来，但由于当时已经有一些谣言在佛教徒中散播开，这些谣言称宿波切释迦迥奈已经变成了本教的信徒，所以他恳求辛嘉拉瑟，当他把教法记录成文时可不可以改动其中的一些小细节，比如把"本法"这个词换成"佛法"[1]等等，这样比较容易被佛教徒所接受。辛嘉拉瑟同意他更改一些名词，但是不允许改变其中蕴含的意义。自此，彭钦赞布和辛嘉拉瑟的耳传教法传入了藏传佛教宁玛派的传承当中，这个教法被称为《觉性杜鹃》。这个名称的由来是为了纪念彭钦赞布在圆寂的时候变为一只杜鹃鸟飞回法身佛净土的伟大成就。

当把"耳传经验教法"传给西藏的弟子后，彭钦赞布云游去了位于上部象雄地区的古格和普兰（现在的西藏西南地区）。在那里，他把"象雄四部教法（尕居）"传授给了古格西饶洛丹，后来又传授给了普让根噶仁莫、囊觉塞丘、琼

---

[1] 原文是 ཆོས།，这个词最早出现于早期的本教文献中，意思是"传统的仪式"，当佛教于公元前八世纪出现时，这个词被用来翻译梵文的词语"法"，所以在这里指的是"佛法"。

西穆特、孜德巴仁莫以及拓美智波，这个法脉传承后来被称为上部传承（སྟོད་བརྒྱུད།）。最终，这两个传承同时融合在勇顶西饶坚赞的身上，并且，经过哦贡更德的授意，西饶坚赞大师把象雄经验传承的教法通过文字记录了下来，自此形成了完整的耳传教法的文字典籍。

说　明

　　对于《象雄年居》传承篇这本书来说，也许有些修行人或者喇嘛会产生质疑，认为把这种心髓教法公之于众是非常不如法的，同样的声音在编译《普贤心髓》[1]时也出现过。在其中，包含着对于夏匝扎西坚赞大师[2]所著的《普贤心髓》的

1　《菩贤心滴：本教传承的大圆满修法》，夏匝扎西坚赞著。
2　夏匝扎西坚赞同样接受并实修了象雄年居的教法，这也是他被包含在传承谱系表中的原因。然而，时至今日，我们仍无法准确判断法脉是从何处传承给他的，这点需要更多的资料进行研究。他从不同的大师处接受了不同部分的象雄年居传承，比如说觉珠尼玛沃塞（མཆོག་སྤྲུལ་ཉི་མ་འོད་ཟེར）以及第二十五代曼日法王西饶雍仲（ཤེས་རབ་གཡུང་དྲུང་）。夏匝大师生于1859年，他在九岁时剃度出家成为一位本波教的僧人，直到二十四岁，通过他的根本上师和其他的喇嘛们，他被授予了很多不同层次的教法以及灌顶，其中包罗了显、密、大圆满等全部的次第。在他三十四岁时，他离开了寺庙来到一处位于雍仲伦布（གཡུང་དྲུང་ལྷུན་པོ）的隐居地，开始精进实修他聆受过的所有教法。他除了是一位伟大的修行人，同样也是一位伟大的学者和高产的作家。他重新阐明整理了很多大圆满的修法，就像上文所提到的《普贤心髓》（ཀུན་བཟང་སྙིང་ཏིག），以及《三身自显》（སྐུ་གསུམ་རང་ཤར）和《本域明觉宝库》（དབྱིངས་རིག་མཛོད）。由于他渊博的学识，以及他甚深的成就，吸引了大批慕名而来的学生，其中不止是本波派，同样有着诸如格鲁派等其他藏传佛教教派的弟子，后来还加入了"无教派分别活动"，也就是历史上著名的"利美运动（རིས་མེད）"。在保持古老的雍仲本波传承清净无改的同时，夏匝扎西坚赞同样建立起他自己独特的修行体系，于1935年，也就是他最终圆寂的时候显证了虹光身成就。独特的象雄年居，以及其他本教大圆满传承的法脉力量从来没有减弱过，即使处于现今这个时代，那些追随它的修行者们仍旧不间断地证悟着最高等的圆满果位。

讲解，这是本全方面讲解大圆满法统的手册，其中包含了从特殊的大圆满前行，到车切、托噶以及中阴教法（ཁྲེགས་ཆོད་ཐོག་རྒྱལ་བར་དོ།）的所有教法。将如此晦涩难懂的文本进行公开发表，会不会对那些还没有做好准备接受教法的修行人产生伤害。编者是这样回答的：

①本教大圆满传承的护法要求上师公开传授教法；
②大圆满教法是个"公开的秘密"，举例来说，如果一个人的慧根不足，他不会理解大圆满教法，也不会产生兴趣阅读它；
③对于那些有慧根也有缘分的人来说，它也许会给他们带来极大的帮助，也许会借此与教法以及有缘的上师产生关联，从而进入大圆满的修法之道；
④经本中很清晰地规定，如果有人愿意把所学的大圆满教法付诸实践，那只靠读书是不够的，必须要寻找并追随一位具格上师。

这几点原因于《象雄年居》的出版也同样适用。

由于雍仲本与其他教派的大圆满教法在本质上是完全相同的，也许在史前有着相同的源头，这本书的核心内容会给双方的修行人都带来极大的好处。无论你是已经从一位具格喇嘛那里接受了大圆满教法，还是刚通过这本书或是其他出版物开始接触大圆满，这些文字都会激励你并为你今后的学习提供方向。在序言中，包含了对于象雄年居教法中有关上师瑜伽部分的讲解，这是大圆满修法的根基。但是，如果你还没有与教法产生联系，又希望实修象雄年居的修法，试图通过这本书来达到这样的目的是不如法的。你必须找寻到一位具格的喇嘛，并从上师处接受必要的教法和传承。

　　大圆满是一部甚深的教法，所以对心性本觉有着明确的见地和清晰的体验是至关重要的。这些并不能仅通过阅读来获取，它需要一位真正持有法脉加持的具格上师来开示。

　　穆朱曼诺！愿吉祥！

雍仲拉贡

2008 年 11 月

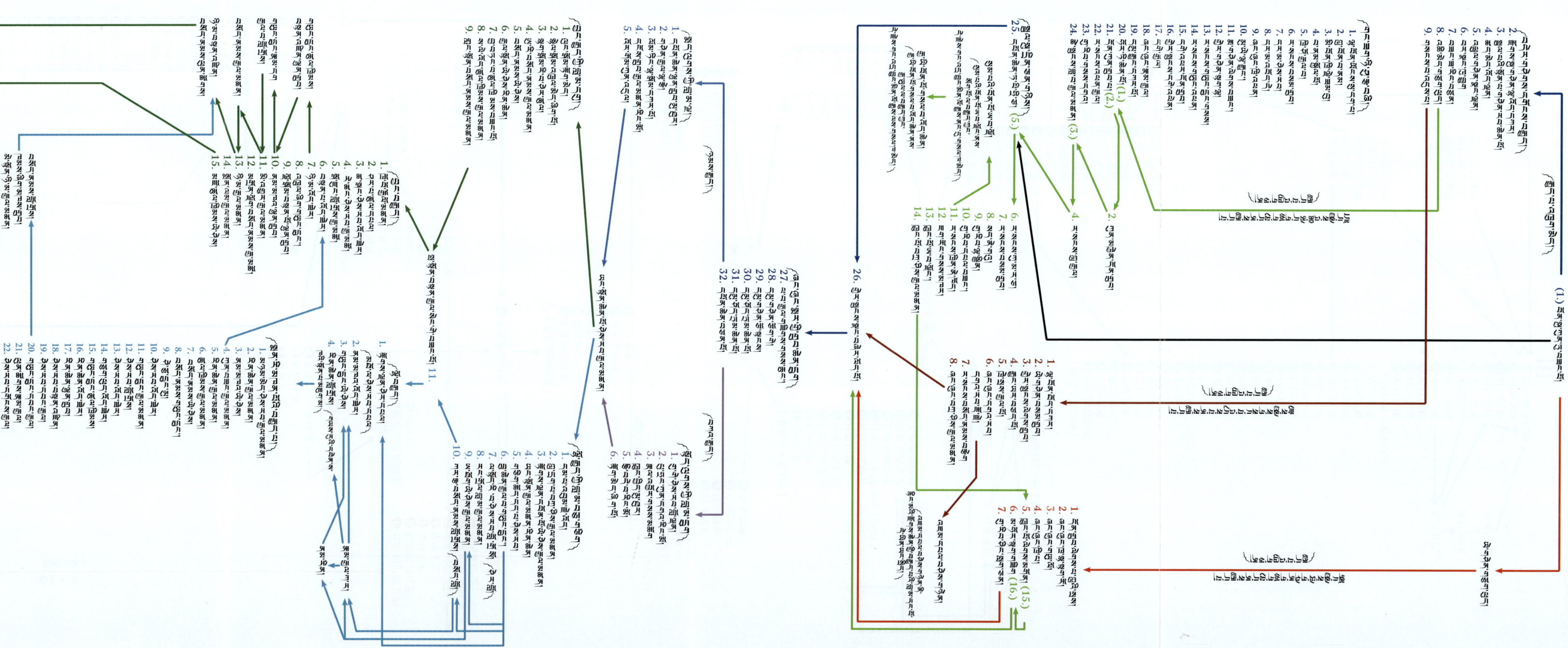

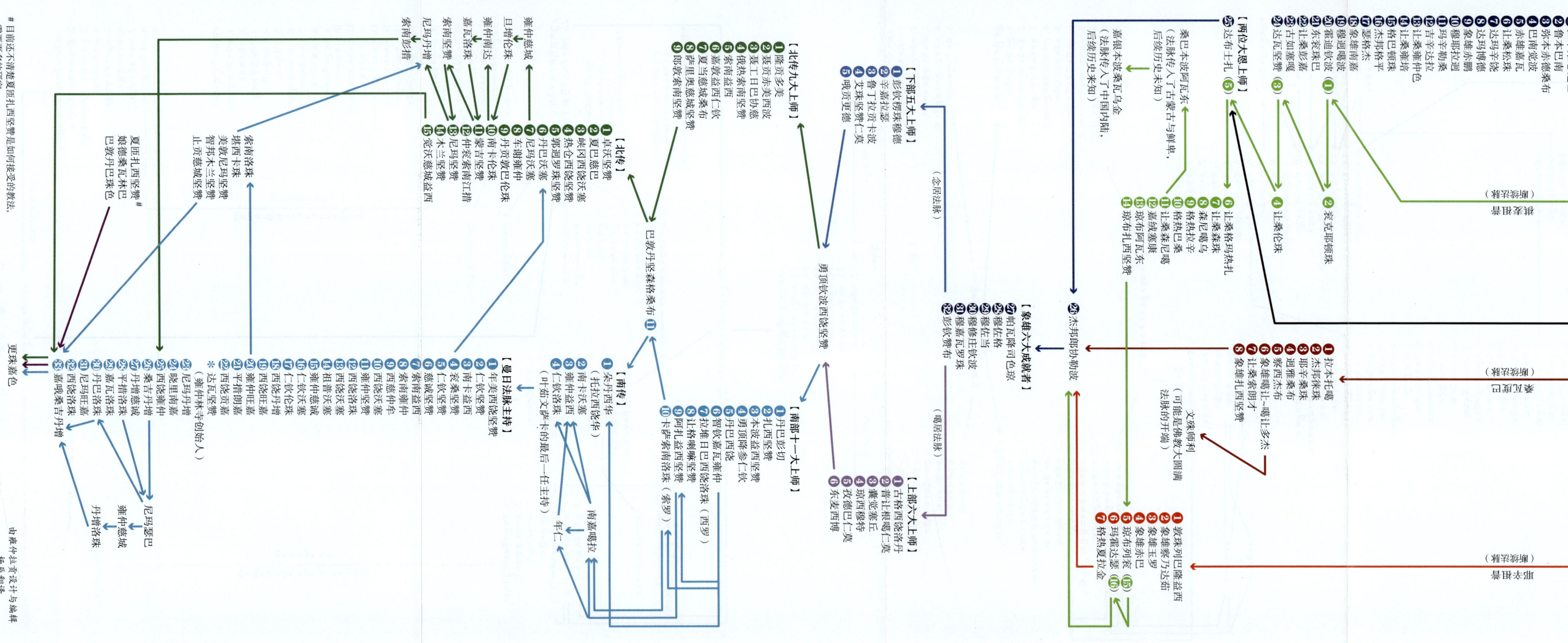

【第二篇】

佐巴钦布象雄年居
耳传经验传承

རྫོགས་པ་ཆེན་པོ་ཞང་ཞུང་སྙན་རྒྱུད་ཀྱི་ཁམས་
རྒྱུད་སྐྱེད་བཞུགས་པ་ལེགས་སོ།།

嘉热：象雄大圆满耳传经验传承

（一）简述

象雄耳传的教法中一共有四个分支，而这四个分支都是先由雍仲菩萨——也就是九大意传上师传承，然后由持明上师[1]们进行宣讲的，可以说象雄年居的主要部分都是由他们进行传授的。

当某位弟子接受教法的指导后，他通过上师讲解的内容开始进行教法的修行，直到他成就佛果或者虹光身后，他就可以成为上师来教导他自己的弟子。每一位弟子都接受了全部的教法内容，以及上师的殊胜体悟（ཉམས།），上师会把自己一生的觉悟浓缩在几句简单的言教中，传授给弟子。这些言教，浓缩了所有年居法脉传承上师的殊胜心髓，在不同的时代，它们被记录为长篇、中篇以及短篇的总集。这里所讲的是长篇的总集，它和其他的总集没有什么太大的区别，只是用的词语更多。每一位大师都要先学习和修持象雄年居，而后他就做好了成为上师的准备。最终，他把他最殊胜的体验，浓缩成几句言教传授给他的弟子。而这些被收集起来的言教，被称为"经验传承"（ཉམས་རྒྱུད།）。

数个世纪以来，"经验传承"的教法一直保持着单传的状态。这是什么意思呢？虽然每位大师可以有很多的学生，

---

1 持明上师传承（གྲུབ་ཐོབ་སྙན་བརྒྱུད་ཀྱི་བརྒྱུད་པ།）。

但是这个最终言教的单传教法只能传授给其中一个弟子，而这个弟子会成为法脉的继承人。这个传统一直被保留到现在。在当今时代，这个单传教法被允许传授给更多的弟子，但是每个接受教法的人，都必须要确保它的完整无改，并对它深信不疑。很多人都会因为听闻过教法而受益，但即使是这样，依然很难找到一位适合传承单传教法的弟子。因为当一个弟子接受了单传教法之后，他需要切断凡夫的生活，全心全意地投入到修行当中，直到成就佛果。具有这种资质的弟子会显现出很多征兆和潜质，不仅如此，想要把法脉传承给他的话，还需要得到护法神的认可。古时候，法脉中的那些大师们日复一日，不厌其烦地苦修，努力达到虹光身成就。在那些时代，他们的生平事迹并没有被记录成文字，但是事实上他们跟米勒日巴非常的相似。关于米勒日巴（མི་ལ་རས་པ་）的文字记录非常多，所以他现在非常的有名。象雄年居的大师们都有着类似的经历和承受着同样的苦修，直到成就虹光身。

对于这些言教，如果你有任何的疑问，都要对照你对自然本性[1]的体验来进行验证，而不是通过文字。通过你的经验来验证这些言教是非常重要的。虽然我们在这里试图解释本觉，尝试描述它的状态，但是你还是需要自己把它弄清楚，

---

1 这里的"自然"并非指的是物质世界的大自然，而是指"根本""无造作"或"本来如是"的状态。代表"心性本质"。心性本质是藏语 སེམས་ཉིད་ 的译词，它有很多的近义词，包括 གནས་ལུགས། རང་བཞིན། ངོ་བོ་ཉིད་ 等（类似汉语本觉、本性、心性和自然本质等），从每个人的根本状态或基位本质来说，它们都代表"心性本质"。

这需要亲自去体验，否则，如果你只是通过看书或者聆听教法来临摹本觉的状态，自己却缺乏经验的话，你也很难把它弄清晰。

这个教法的目的是随着你修行和禅修越来越深入时，使你更加稳定地安住于本觉当中，因此，你全部的业力和障碍也将会自然净化。这就是宗教真正的意义。虽然我们本来就是圆满的，但我们仍然需要专注和修行。这样做不仅会对你的一生有好处，也会在你与佛果之间产生链接，并使你最终达到佛的成就。所以事实上，你最好不要找任何的借口，而是需要认真地修行，因为这将对你产生极大的好处。

（二）上师瑜伽[1]

在开始每段功课的时候，你都需要先进行四皈依、发菩提心以及祈请的修习，然后进行上师瑜伽的修持。我会展示这些上师们的画像，并为你阐述在这一系列功课中如何观想每位上师。你应该尽可能地把他们观想清晰。对画像不要只是一瞥而过，而是要尽量认真地把他们看仔细，记清楚。当你记清这些大师的画像后，不要把他们观想成像图画中的那样是平面的。虽然他们的形象确实是像画像中描绘的那样，但是你要把他们观想得更加生动：他们有着像彩虹一样明光般的身体，同时又充满了教法和智慧，他们是究竟的清净圆满。

你首先需要观想每位上师显现在你头顶一肘高的虚空中，然后通过代表智慧的三种元素净化自身的全部恶业，进而再接受他的加持与灌顶。

当你把上师清晰地观想出来后，从他的胸中流出智慧之火，虽然它看起来像火焰，但是它的本质是智慧的火焰。它接触你之后，蔓延到了你的全身，然而它并非燃烧你的物质之躯，而是你所有的恶业、愚痴、情绪、无明等都被这智慧之火燃烧殆尽。

然后从上师的胸中流出像白色牛奶一样的智慧之水，充

---

[1] 瑜伽：此处的意义为"相应"。

满你的身体，清洗掉一切污垢。

紧接着是风，智慧之风。它非常的猛烈，吹走你所有残留的污秽。

这里所讲的三种元素，火、水和风，并不是通常意义上的物质元素，而都是代表上师的智慧。

通过这三种智慧净化了你的"三门"后，你已经做好了接受来自上师身口意的加持和殊胜教法的准备。一个白色的"阿"（ཨ）字从上师的顶轮显现，融入你的顶轮中。一个红色的"嗡"（ༀ）字从上师的喉轮显现，融入到你的喉轮中。一个蓝色的"哄"（ཧཱུྂ）字从上师的心轮显现，融入到你的心轮当中。这就是灌顶。真正的灌顶只取决于你的信心和观想，如果你只是看着大师们的图像，却没有任何其他行为的话，你自以为接受了一些加持，但事实上你什么都没有接受到。一切加持都取决于你对上师的信心。如果你的信心不够清晰和强烈的话，那么这样的信心很快就会消失；而如果你不能保持足够的信心，那么你所接受的加持也不会长久。这就是为什么最好对上师和教法保持着强烈的信心。这样的话，你与上师之间就会产生链接，否则，你是不可能通过其他有效的途径接受真正的教法或者修法的。这就是一切法门的前行法，它被称为上师瑜伽。

完成上师瑜伽后，开始阅读上师的言教，然后自然融入于言教所描述的禅修中大约二十分钟。在禅修之前，你需要对教法有清楚的理解，否则就像试图做生意而没有本钱一样！

你如果想做生意,那你必须先有些本钱,同样的道理,你必须先理解本性的根本状态,才可以禅修。在这期间,如果你感觉昏沉或者迷糊,你可以尽力地屏住呼吸,然后一次性地用力吐出,这会帮你清醒过来。如果你没有昏沉的问题,那就不需要做这些。你不要阻止或者屏蔽升起的念头,而是当它们显现时,尽量快地回归到本觉中。

当每座禅修结束后,观想上师从虚空中融入你的身体,你与上师无二无别。这就是在我们在今生中如何融入本性的方法。我们要尽可能地融入本性中,然后安住其中,这点非常的重要。因此,我们每天至少要做一次上师瑜伽,如果有时间话可以做两次或者三次。如果你能早起一点来进行上师瑜伽的修持,那么观想的效果会更加清晰一些。

（三）九大意传上师

1. 衮德桑布

2. 辛拉沃噶

3. 辛饶钦波

4. 才美奥德

5. 持辛龙德

6. 瓦郎科叙

7. 桑萨仁尊

8. 祺麦祖普

9. 桑瓦度巴

（四）大成就者

真奇妙！

现前证得三身上师尊；

普贤如来大乐本身中；

辛拉沃噶相好圆满身；

胜者辛饶俱四慈悲辛；

才美奥德引领有情辛；

持辛龙德自证本智辛；

瓦郎科叙便慧游戏父；

桑萨仁尊轮涅之生母；

祺麦祖普伏魔教尊主；

桑瓦度巴甚深密咒主；

祈请胜者密意九传师；

解脱未悟轮回二取执；

祈请加持生起明觉智。

摘自《大圆满象雄耳传之前行祈请文》。

拉本雍思达巴

1. 拉本雍思达巴

这位大师是一位天神，藏语称为"拉（ལྷ།）"，他出生于须弥山顶的三十三天界中。后来，他遇到了九位意传上师中的最后一位，从他那里继承了象雄耳传的教法。雍思达巴精进实修此法，并将此法如珍宝般小心地保存起来，直至遇到了他的心子——龙族的鲁本巴南。雍思达巴把所有的教法都传授给了自己的弟子，其中最特别的就是教授了单传的极密教法：

"心性不为因缘所生。心性如天空，无边无际，云和风，光与暗，自然显现于其中，却无法遮挡天空本体。所以，当安住于本觉，本性自然自现。其无观者，也无所观之境，亦无所修与能修可言。此本觉被称为佛性，也叫本性[1]。它无法可找，无处可寻，也无可专注，一切放在本性自然。"

---

1 雍仲本教的"本"字原意为"法"。此处原文为 བོན་ཉིད།，意为"本性"或"法性"，与藏传佛教用于翻译梵文"佛性"（ཆོས་ཉིད།）的词义相同。

鲁本巴南

2. 鲁本巴南

鲁本巴南从他的天界导师处接受了此教法。他精进实修了这个大圆满法脉里的单传教法，最终成为了成就者（གྲུབ་ཐོབ་）。后来，他把这个教法传给了他的人界弟子：

"我们的本性即是本觉，本觉无法与我们的心性分开。它无取无舍、无增无减，证悟心性本觉即是法身佛（བོན་སྐུ་）。自觉自明，远离执取，且稳固安住，烦恼自然穷尽，此为禅修之顶。"

弥本赤德桑布

3. 弥本赤德桑布

"本觉即是本性。它没有什么特殊的观修可言,也没有所谓的修者与所修对境,即使特意去寻找也不会有任何发现。远离一切烦恼妄念,自然安住于本觉之中,这被称为无修之修,亦或大[1]禅修。无观者与所观之分,远离分别执着,回归自然本觉,此为无修大圆满之殊胜见地。"

---

1 大,为超越之意。

巴南觉波

4. 巴南觉波[1]

"本觉即是万法的本性,你无须专注或观想任何特别的事物,一切自然显现,并安住于其中即可。如果你不专注于任何对境,或者你的意识不起任何的造作,那么你自然就会了悟心性本质。心性远离增减变化,也无法与你分开。如果你信任[2]这个心性就是自性本觉,那么,这就是无所修的大圆满禅,一切自然松坦而放置。"

---

1 自这位大师开始,这个法脉一直在象雄疆域无间断地传承,直到公元 9~10 世纪的成就者彭钦赞布将耳传教法翻译成了藏语并传授给了古格罗丹,古格罗丹又把年居教法传授给了伦珠穆图尔和西年拉孜,自此,完整的象雄年居教法一直在西藏流传着。

2 这里所说的"信任"并非是指一般意义上的相信或者盲从的信任。在大圆满教法中,这个术语所表达的是通过对本觉有了清晰、稳固的了悟之后,自然产生的圆满的、无所动摇的信心。

赤雄嘉瓦

5. 赤雄嘉瓦

"本觉远离惑乱幻想,意识的造作只会带来更多的烦恼。本性本无可修,是圆满空性本体。试图专注或观想某个事物时,反而使你离本性越来越远。本性无念无想自然稳固(མཉམ་བཞག),亦无可专注之能。这就是普贤王如来(བདེར་གཤེགས།)或佛陀真正的基位见地。"

让桑松珠

6. 让桑松珠

"菩提心的本质为大乐(བདེ་བ་ཆེན་པོ།)。其无观想[1]可言,一切如是所示。穷尽惑乱而自然处于如是状态,这被称为'无所修的自然安住'。这就是无所修之大禅修,也被称为大圆满自解脱道。"

---

1 "观想"一词引用自密续部经典,大意是指通过对本尊的观想而最终达到佛果的修法方式。此词语不在大圆满经典中使用。

达玛辛饶

7. 达玛辛饶

"当你认清本觉自然智时，此即心性之根本。认知到这一本质时，无所疑惑地安住于其中，此即圆满的菩提心及禅修，也是佛性的本质。了悟本觉后，不要试图改变它，也不要用意识观察它；无所为地安住于其中，这就是大圆满。由于本无实有着相，所以意识并无可专注之对象，也无所观修之对境。认知到这一本质时，仅需自然安住于其中。"

达玛博德

8. 达玛博德

象雄赤鹏问他的上师:"何为本性?"
他的上师达玛博德答道:

"观察一个念头。它既无颜色、形态,亦非实相。其如虚空。然而这个虚空或者空性,包含万物,此乃万物的本性。这个本性无法用语言描述,也无法用意识去理解,即使佛陀也无法用意识来认知它。不要试图看透意识,无所造作地安住于本性当中,无所寻,无所找,亦无所专注,自然安住,这就是最好的禅修。除此之外无须更多的造作,即使是佛陀也无法改变或者补充什么。自然安住。"

象雄赤鹏

9. 象雄赤鹏

"你的本性本自圆满（本觉），与佐巴钦布[1]圆融无二——即大圆满本体亦是究竟菩提心[2]（ གྱང་ཆུབ་སེམས། ）。你所体验到的这个当下的状态即是佐巴钦布，这就是大圆满。大圆满、菩提心或是佛性，无论你如何称呼它，你当下体验的一切都如同本性一样，本自圆满。无论你如何散乱，无论升起多少妄念与昏沉，一切皆融于本性自解脱（本觉）。

此本觉被称为大圆满或者菩提心性[3]。无须造作亦无须寻找，把你体验到的这个菩提心性或者大圆满自然[4]而放置。你即使寻找也无法找到什么，因其无特殊之处，也无可见之实有。本觉并非因缘所生，自然本具，远离能寻之根源，因此即便试图顺藤摸瓜地找，也什么都无法找到，是清晰透明的离戏自然定。"

---

1 佐巴钦布是大圆满的藏文音译。
2 此菩提心指的是大圆满心性本觉。
3 同上。
4 无造作、无分别的本自圆满状态。

穆耶拉迥

10. 穆耶拉迥

"无论我们用尽何种词汇与比喻来描述大圆满教法，然而其精髓永远是'本性'。此本性就是无执着、无造作的心性本觉。从本性的角度来看，思维和意识皆错乱。本性无'能专注'与'所专注'，也无观修可言。如果你专注它或者思考它，你就已经错误地偏离了大圆满之道。本性超越二取[1]之相，亦非因缘所生，被称为本具自生之智慧（རང་བྱུང་ཡེ་ཤེས།）。你应如此禅修：'稳定地安住在本性之中'。这就是真正的法身佛，也是三身佛真实的心髓诀窍。"

1　二取：客观与主观，也有能取与所取之意，这里指主观与客观。

玛辛勒桑

11. 玛辛勒桑

"你当下所体验到的本性,无所依之对境,亦无法被所缘境障碍。它远离二取[1],也无法被感知,亦不被念头所捆绑。本觉本离戏,松坦而自然。这就是本性真实不虚之究竟实相。你只需稳定地安住于其中即可。"

---

1 此处为能取与所取之意。

吉辛达拉

12. 吉辛达拉

"放下执取，并了悟真正的本觉之见地是非常重要的。此见地远离掉举、昏沉和乏力[1]（ རྒོད་པ། བྱིང་བ། རྟུག་པ།）等迷乱，这是真实不虚的禅修。当本觉的真实义在心中得以确断时，你的一切举止皆远离污染障垢，换句话说，也就是已经从五毒[2]（ དུག་ལྔ།）中得以解脱。当你安住于本觉时，无论升起何种体验，都要对其确信不疑[3]。"

---

[1] 掉举可以分为两种：粗和细。粗掉举指的是在禅修中的修行人被散乱的粗大意识影响而偏离本觉，导致禅修无所进境。细掉举指的是不易察觉的细微意识搅动，从而影响禅修。这些意识很难被禅修者发现，即使被发现了，禅修者也很难认识到这些意识是何时和如何升起的。昏沉的过失是会变得困倦和迟钝，导致远离了自然安住当下的状态。乏力的过失是使禅修者在禅修中缺乏清晰认知本觉的力量。即便依然处于甚深的、稳定的、平静的禅定中，但是并没有任何进境，而这只是片面地说，如果更深一步的话，这甚会使修者对禅的见地发展成一种错误的定式，错误的立断禅（ ཞི་གནས་ཕྱིང་པོ།），甚至进入一种类似于枯槁禅寂或顽空（ འགོག་པ།）的错误状态。

[2] 五毒：贪、嗔、痴、慢、疑。

[3] 这里指的是在禅定时安住于本觉中所升起的体验，从而增强修行人的信心（ ཡིད་ཆེས།）。

让桑雍仲色

13. 让桑雍仲色

"不要回望已经消逝的念头。也不要期盼或者寻找尚未显现的念头。更不要通过意识造作来执取或感知当下。"

弟子问:"回望消逝的念头有何过失?寻找未显现的念头又会如何?通过意识造作来执着于当下又会产生何种过失?"

上师回答道:"如果你追寻上一个消逝的念头,你将无法认知真正的本具自生智慧。如果你期待尚未显现的念头,思维意识的流动将永远无法停止。如果你执着于当下的念头,你将永远无法认识到,幻相与思绪只是一个接一个不断生灭的错觉。"

弟子问:"那我们应该如何修行?"

上师回答道:"无造作的安住本觉,松坦而自然。"

让桑雍培

14. 让桑雍培

"不要回顾消逝的念头,无论发生了什么,顺其自然。也不要掌控下一个念头,远离思维与意识造作。你需要做的就是保持如同虚空一样。"

格巴顿珠

15. 格巴顿珠

"远离迷惑，无疑虑地安住于本觉平等性当中。自身无论内、外皆无所改与能改。不要把注意力集中于呼吸之上，不要让意识造作，也无须专注于任何事物，这就是修行的方法。"

杰邦格平

16. 杰邦格平

"放松、舒适、自然而然地安住于菩提本觉中。无所执取,一切如常自然放置。如果用一个比喻来描绘这个重要教义的话,它就如同劳作后精疲力尽,正在休息时的松坦状态。"

作者注:

这只是一个比喻,并非所有人在筋疲力尽之后皆是安住于本觉之中的,否则任何人都是大圆满修行人了。

瑟格杰

17. 瑟格杰

"不要试图将意识专注于任何对境。无论意识中何时升起显现,无须对治,皆放在自然,此时你便如那天空中的太阳般光明。远离任何造作,本性本来明清[1](གསལ་བ།),是自觉自明不二圆满智。"

---

[1] 明清:意为明了、清晰。此处明清的意义为明空不二。——译者注

象雄南嘉

18. 象雄南嘉

"如何安住于本觉？无为无想自然安住。无须离舍任何幻相，一切自显无所取舍平等而住，那么这些显现皆会化为圆满的智慧。此教法是幻相与物质自解脱于清净本觉的关键诀窍。"

穆迥噶波

19. 穆迥噶波

"当你了悟自性本觉后，稳定于住分。无论意识产生何种造作与幻相，无取无舍顺其自然，你只需努力串习，使自己越来越稳固于本觉。"

霍迪钦波

20. 霍迪钦波

当时，霍迪钦波是一位非常重要的大师，因为他是全部九乘次第法脉的持有者，并对每一个次第都进行了严密的实修。当他的上师穆迴噶波开始给他传授显、密和大圆满全部九乘次第的教法时，霍迪钦波起初只想学习大圆满法，所以他请求上师仅传授他大圆满教法。但是他的上师说："如果你只单独持有大圆满传承，当你的弟子需要其他教法的时候，你将如何？你需要根据所缘众生的不同根器而给予教授，到那时你又如何？也许对于你自身来说，只需要修行大圆满法就够了，但是你必须学习和实修其他所有的次第教法，因为我们永远无法知道，在未来，对于其他众生什么是最有用的。"

霍迪钦波的言教：

"见地是无偏平等智。禅修远离二取，清晰透明。修道与本觉融为一体，无所阻碍地自然流淌。你无须希求成果，自然而然获得成就。见地与成果会从本性中自然显现。这被称为无为法性本觉。"

东衮珠巴

21. 东衮珠巴

"无论意识产生何种造作与觉受,顺其自然而放置。自然而然,心识就会逐渐融入到本性当中,而这个超越物质的本性即是永恒的大乐空性。我认为这就是佛陀的见地。"

让桑彭嘉

22. 让桑彭嘉

"直视你的意识,当你观察你的思维或意识时,并没有所观与能观,亦没有观者与观境。这就是本性的面目。一切自解脱并自然消失。无所为,无所改。不要试图去感知什么,一切自然而置。不要疑惑,如此安住。这就是教法的精髓,如同金翅大鹏翱翔于天空[1]。"

---

[1] 这个关于"金翅大鹏翱翔于天空"的比喻,经常出现在对大圆满教法进行详细阐述的时候。其意义是:无论在金翅大鹏鸟的下方出现什么事物,即使是熊熊烈火,或是万丈深渊,亦或是悬崖峭壁,甚至是狂风暴雨,它都不会被其影响,任何事物都无法动摇它的信心。

古如塞噶

23. 古如塞噶

"当明点[1]（ཐིག་ལེ།）自显时，一切皆赤裸通透。本性本具威力，菩提智慧自然从思维之网中完全浮现而出。明觉自然显现，这就是心性本觉。"

作者注：

本质上，所有的成就者在阐述本觉时，都自然而然地把车切法和托噶法融合起来一起讲。在象雄年居中并不使用"车切"和"托噶"这两个名词，但是它们的含义都囊括于"明

1　明点可以被描述为光滴、光球、光珠、精华等。这里指的是水滴状或者球状的光点。明点有时会显现为单一颜色，而有时会显现为彩虹光圈或者彩虹光球一样的多种颜色。当一位大圆满修行人安住于明觉当中并达到某种稳定的状态时，明点便开始自然地显现于他眼前。在后期的大圆满传承中，尤其是藏传佛教体系内的大圆满教法被分为了两个部分：车切（立断）法，对应的是本觉中空性部分的教法（སྟོང་།）；托噶（顿超）法，对应的是本觉中明光部分的教法（གསལ།）；这条注释描述的就是后者。当车切法通过各种方式让一个修行人清晰地认清本性并稳定地安住于当中时，托噶法用特殊的方式让修行人通过显现来体验本觉的力量，从而引导他证得虹光身成就。在很多大圆满传承中都谈到，每一位修行人首先都必须要在车切的修行中彻底地稳定安住后，才可以学习托噶法。然而，在现存的地球上最古老的大圆满教法象雄年居中，并不使用这样的系统，事实上也并不使用这两个名词。

光[1]（འོད་གསལ།）"一词当中。在明光的教法中，车切法和托噶法是同时修行的。托噶是本性的能力与精髓，当你体验到本觉时，你也或多或少地了解了幻相的本质，因为当你的眼睛睁开时，一些幻相总会来来去去，这就是托噶观[2]的基本见地，随着你的修行精进，不同的颜色、形状等等都会浮现出来，这就是托噶观的显现。托噶观会随着你的修行而进步，这两者是共同前进的。有时，我们会用水来举例，水有反射的力量或者能力，就像你无法把水的这种能力和水的本体分开一样，你也无法把这种显现与本觉分开。虽然有一种通过身体姿势以及凝视的特殊方式来精进托噶观，但是不能把两者分别练习。重点是，当你盯住空中并安住于本觉中时，有些东西一直在生灭，但是这些显现的生灭都是从本性中自然而然升起的。你无法把这些显现展现给别人看，它们从空性自然显现的，是你独有的经验。这就是空性中可以显现万法的证明。

面对这种现象时，有两种应对方式：如果你用你的意识追着这些幻相，那它们在你的意识里就会变得越来越坚固，

---

1 明光描述的是本觉"不二性的整体"。这个整体不能被单独拆分为"明觉"、"空性"与"不二"；这三个名词的作用是阐述本性的某个特质，但这些特质本身都是超越文字而无法描述的根本状态。象雄年居中包含所有车切法和托噶法的观点，仅是不使用它们的名称。既然本觉本身就无法被分割，那么，就没有必要把大圆满教法分为两个模式。
2 此处所说的托噶观与一般意义上的观修并不相同，应由具格上师给予开示，此处不予赘述。——译者注

如同水变成了冰，由于冰像石头一样坚硬，我们会把冰认知为一个实实在在的物体，不会再把它当成是水。这就像是我们常把幻相当成实有一样，一切都变得越来越坚固，这就是我们的生活。另一个面对这个现象的方式是，回归到它的本源，也就是空性本觉当中，这就是大圆满。当你一旦回归到本源当中，稳定于其中，你需要相信它并安住。就这样。

达瓦坚赞

24. 达瓦坚赞

瑟鹏达瓦坚赞给予达布士扎的教法是：

"无论万法是何种型态，都是虚妄幻相，外器世界所含的一切物质以及有情众生，皆融于心性本觉，也称为基位菩提本性。各种幻相无实有而显现。它们本自解脱、无造作、无可改，无论做何显现，自然任运于本性。自解脱是空性本有智慧，圆融一体。当你回望本性时，你无法描述与解释它，它被称为自然任运之菩提见地。

无论你如何定义万物——'天空''大地''石头''柱子''父亲''母亲''战争''花瓶'等等，一切皆来自于本性。无论你如何假立名相，万法皆融于本觉平等性中。如果你仔细地观察，万法本自解脱，皆融于本性当中，除此之外别无实有。

无论是开心、悲伤、痛苦，这些都是意识与思维所造作的。一切都是业力牵引，由意识幻化。如果你观察一个对境，你会发现它仅仅只是一个幻相而已，你无法从它身上找到任何真正实有的自性，这就是空性。如果你检验这个对境的实质，那么除了它的自性本空，别无实有。如果你可以持续地安住于这个自性本空，这就是圆满的禅修。

当你稳定于本觉时，将你的身、口、意都融入于其中，一切行为皆变为'法身佛举止'。万物本就与本觉无别相融，有时被称为'清澈明智'，有时被称为'意识本质'，但无论是哪一种，都平等于自解脱。无论你是进行思维的造作，还是将一切回归于本性，两者皆无分别地融于本觉。另一方面，如果你跟随自己的思绪或者陷入一种无法描述的无意识状态，就像某种止禅[1]（ཞི་གནས།），而没有任运于明光当中，这被称为修止错误。即使你试图停止意识的造作，这也是不可能的，因为'试图停止意识造作'本身也是一种意识造作。思绪连续不断地升起，你无法用意识来截断意识，所以，只需把它们自然放置于空性本质。如果你把念头放置于本觉中，一切的意识和显现都会同样的自然安住于其中。当你体验到清净本性时，无须怀疑，也无须有任何执取，只需自然松坦地安住，然后无造作地慢慢熟悉它。

如果你希望通过'思考'来增进禅修的效果或加速禅修的进程，但事实上，尽管你期待能得到某种东西，但那仅是幻觉而已。不管你如何努力，都无法通过意识见本性，而且会适得其反。事实上，任何事情都无法影响到空性本身，但是修行人会因此而障碍自己对空性的体验。仔细思考我所讲述的，并与你自己的体验进行对照。

---

[1] 止禅，梵文 Shamatha，是一种基础的修行，其目的是让修者的心趋于平静，使其逐渐有能力修习后续的禅定之法。这个修法在雍仲本教、佛教和印度教的不同层次里都分别有过阐述。无论如何，止禅的用途、功能与理解在不同的传承中都是不同，甚至在同一教法的不同层次中都是有所差别的。在本文的这个段落指错误地"陷入"顽空当中，也就是不清晰的空白意识当中，而这并不是本觉。

止禅的修法一共有四个阶段，每一个阶段都似乎与本觉有某些相似的地方，但事实上，每个阶段的修习都会专注于某一种所缘对境上：

　　第一阶段的止修只涉及无边的虚空（空无边处 ནམ་མཁའ་མཐའ་ཡས་ཀྱི་སྐྱེ་མཆེད།），就只专注于这一点。

　　第二阶段的止修是不执取或者不专注于对境本身，而是要观照意识。意识本来就是无限的，所以专注的焦点变为无限的意识（识无边处 རྣམ་ཤེས་མཐའ་ཡས་ཀྱི་སྐྱེ་མཆེད།）。

　　第三阶段的止修是认知专注的对境，以及这个'能观察对境的意识'的源头。无论是哪边，你都不会发现任何观境与观者的存在。无所可找，亦无所实有（无所有处 ཅི་ཡང་མེད་པའི་སྐྱེ་མཆེད།）。所以第三阶段是专注于'无观者与观境'。

　　第四阶段的止修，由于已经认知到并没有所谓的观者或是观境（非想非非想处 འདུ་ཤེས་མེད་མིན་གྱི་སྐྱེ་མཆེད།），但同时又有些无法描述的状态存在，所以第四阶段的修法是专注于无法用词语表达的本性。

　　这就是通常的止禅修法，在每个不同的阶段都需要某个专注的点，所以它无法与本觉相提并论。

　　对于究竟的本觉来讲，无可专注，远离二取，本来清净。这就是智慧无改的雍仲万字[1]。观者与观境本无二元分别，所以无专注可言，自然清净地安住。这就是自净本觉原始义。

1　卍，雍仲万字符号是逆时针旋转的，它代表了无改的清净本觉。

当你稳定于本觉时，没有所谓的'清明'或'空性'可以让你观察，所以，无所专注，无所观察，无所找，无所认知，只需自然地安住于禅，也没有什么需要离舍的，一切自然任运于本觉。这被称为自解脱智。不要随着猴子[1]而动，更不要像孩子玩沙子一样执着或追逐着幻相。

这就是我对于如何修行和安住于本觉的忠告。"

作者注：

当你修习普通的止禅时，往往需要去感受或者专注于某些事物。你可以变得越来越稳定，但是这无法与本觉相提并论。为什么呢？当你安住于本觉时，没有什么能认知或执取的，因为本觉超越了意识。从另一个角度说，止观[2]的修法总是与意识有所关联。止禅能帮助你保持平稳并且起到其他的辅助作用，但是你无法将它与本觉相比。要认真的通过你的体验，来观察"认知"与"自然安住"的区别，这是非常重要的。这无法用语言描述，需要靠你自己体会。

---

[1] 猴子在大圆满教法中通常被用来形容散乱的念头。
[2] 止观修法中，止的修法为 Shamatha，观的修法为 Vipassana（ལྷག་མཐོང་།）。

达布士扎

25. 达布士扎

对于我们这些象雄耳传法统的修习者来讲，达布士扎大师是非常重要的。在他之前，象雄年居法脉的传承方式是经由二十四位大师通过不记文字的方式口耳相传着。在当时，显乘与密乘次第的教法已经通过象雄文字进行了完整的记录，而大圆满法并没有文字记录。所有的大师们都必须通过以心传心的方式接受教法，并通过口耳相传的方法进行讲授。

达布士扎从达瓦坚赞处接受了教法之后，在位于冈底斯山东北方，名为达塔狮子岩（སྟག་ཐབས་སེང་གེའི་བྲག）的地方远离人群地密修了九年。这个地方一直保留到现在，使用的名称也一直延续至今，只是由于时代的更迭和人口数量的改变，大部分的现代人已经不知道这些典故了。当秘密地修行了九年之后，达布士扎证悟了虹光身成就，身体自然融入（消失）于法界当中。在此之前，他并没有把大圆满单传法脉传授给任何人，而当他证悟虹光身之后，他就准备好把这个单传教法传授给一位弟子了，所以他就开始寻找一位真正具格的学生，最终他找到了郎协勒波。当时郎协勒波已经是象雄王的国师，他不仅学识渊博，而且是一位非常有力量和名望的密法大成就者，因此他的性格极其傲慢。虽然郎协勒波也曾经遇到过达瓦坚赞以及其他的大师们，但那时他还不具备修习大圆满法的资格。当时，郎协勒波住在冈仁波齐东北部的塔若错（ད་རོག་མཚོ།）的湖心岛上，一个被灌木丛围绕的山洞里。在那个地区有两个湖，郎协勒波所在的塔若错湖是淡水湖，另一个是盐水湖[1]。郎协勒波有一个非常富有的功德主[2]。他经常拜见郎协勒波，供养他食物以及各种生活物品。最终，这个功德主和郎协勒波都具足了接受这个教法的缘分，所以达布士扎显现为一个童子，来到了功德主的门前。

童子向他乞讨一些食物，但是他说："你这么年轻，为什么不工作反而乞讨呢？"

达布士扎说："我可以工作，只是没人聘用我。"

功德主回答他："那你住在这里，替我工作，我会给你一些钱。"

达布士扎开始为功德主放牧，他做得非常好。由于他是非常出色的劳工，所以功德主称呼他为善财童子（བྱིའུ་ནོར་ལེགས།）。

有一天，达布士扎外出捡拾生火所需的木头。他把放牧的家畜都轰到了山里面，在回家的路上，他去拜访了正在山洞附近灌木丛里打坐的郎协勒波。童子直接走到他的身边，但是并没有礼拜他，也没有表现出任何的恭敬，自顾自地捡拾木头。郎协勒波习惯了被人恭敬顶礼，但是这个童子没有

---

1 指扎布耶茶卡（ད་བྱེ་ཚྭ་ཁ།）。
2 指梅之富人——雍仲江灿（སྨྱེར་ཕྱུག་པོ་གཡུང་དྲུང་རྒྱལ་མཚན།）。

礼拜于他,所以他问这个陌生人:

"为何你不礼拜于我?"

童子说道:"太阳和月亮无须向一颗普通的星星礼拜,更不会寻求庇护。大国王不会礼拜于小国王。任何国王都不会向普通人行礼。大乘(ཐེག་པ་ཆེན་པོ།)行者又岂会皈依于小乘(ཐེག་པ་ཆུང་དུ།)。"

当听到达布士扎的言语之后,郎协勒波的傲慢心受到了更大的伤害,他很好奇这个童子是谁。

"你肯定修习过佛法,"他说道,"谁是你的上师?你背的包里有什么?你为什么做这些工作?"

达布士扎回答道:

"一切显现为师父,我包里装的是念头,我是一个仆人。"

"如果你的上师是凡夫或是各种显现,"郎协勒波评论道,"意思就是你没有老师。你把思绪装在包里,代表你无所欲,如果你是个仆人,说明你无悲无喜。"

"如果你把知识当成经验的话,"达布士扎回答道,"那么任何大师也无法帮你。如果你相信自己的体验,没有欲望可以影响本性。万事万物为所观,悲喜本无须取舍。"

当达布士扎跟郎协勒波说这些的时候,郎协勒波变得非常生气:

"你有如此智慧,看来是来考验我的。"他说道,"明天一早,我会去见国王,我们在国王面前辩论,如果你赢了,我就拜你为师,如果你输了,国王会惩罚你。"

听到这里,达布士扎大笑了很久。

"辩论和逻辑就像是嬉戏与打闹,"他最终说道,"蠢人才会追着言语跑!"

这时,郎协勒波的功德主来到这里,冲达布士扎喊道:"嘿!牛羊都去哪里了?为什么你没有好好照看它们?"

郎协勒波已经意识到达布士扎并不是一个普通的童子,而是一个非常有成就的人,所以当功德主冲达布士扎喊叫的时候,他非常的震惊,瞬间他就意识到,他们两个人都犯了大过失。过了一会儿,当他们两人都慢慢沉默下来的时候,在他们上空出现的彩虹光晕内,达布士扎显现了透明光身。国师承认了他的过失,把他所有的金子都供养给了达布士扎并祈请到:"请接受这些供养,我忏悔冒犯了您。"

达布士扎说道:"我为达布士扎。我为你俩而来。你们两个都已经做好了接受教法的准备。我不需要这些金子,它于我无用,供于我就像把它供给一只鸟一样。你们两个认真聆听,我传授你们教法。"

这时,他们就做好了聆听法训的准备。

达布士扎的教法:

"本性无法改变,其不是因缘所生,无生无灭。本性自然任运,实修经验无处不在,你要认真体验。本性自觉自明,亦无法被遮挡。自解脱（རང་རིག）非言语，远离思维，无法被评判，即使评判它，'判断'本身也会无可为地自然解脱。"

郎协勒波听后，直接将他的体悟与究竟的实相无二地相应了起来，并被深深地震撼了。他刹那间就圆满了悟了本性的真正实义。

这就是达布士扎的教授。

郎协勒波

26. 郎协勒波

当郎协勒波成为法脉持有者之后，确保法脉的延续也自然而然地成为了他的责任。由于郎协勒波所处的时期是公元八世纪，正是赞普赤松德赞的执政时期，当时，赤松德赞迎请了如莲花生等诸位印度大师来到吐蕃，也正是在这一时期，本教受到了极大的迫害。基于此等原因，郎协勒波恳请达布士扎允许他把教法通过文字的方式记录下来，否则，教法将会受到严重的破坏，从而就此消失。象雄王李弥嘉被谋害之后，吐蕃迅速攻占了象雄地区，从此象雄消失在了历史长河中。

象雄沦陷之后，原有的疆域完全被吐蕃吞并。在这个艰难的时期，郎协勒波降服了力量强大的护法（བོན་སྐྱོང་སྲུང་མ།）——天神尼邦瑟并与他订下约定，任命他为象雄年居法脉殊胜的守护者，此后，郎协勒波才做好把这个单传的法脉继续传承下去的准备。他开始搜寻具格的传承者，但是他在整个象雄只找到两位合适的人选。一位是七十三岁的老者降司色琼，另一位是穆佐格，是一名年仅三岁的小男孩。虽然郎协勒波有众多弟子，却没有一位有资格继承这个法统。那个小男孩的年纪太小，没有做好接受教法的准备，所以他只能试着传给那位老者。在那个时代，一位大师在选择弟子的时候，都需要询问护法，请护法从各个角度检查备选者的行为举止等是否具备资格。那位老者是吐蕃赞普的国师,精通本教的九乘次第,尤其是密法部分,他已经具备了接受这个单传教法的资格。

"清净本觉非实有,远离物质。它超越言思与名相。不要试图给这个本性假立名相。无法通过意识认知它,无可专注,无所能修。也不要尝试描述它,本性超越一切比喻、传说、故事以及名言词等。不用寻找相似的比喻,也不要试图寻找什么特殊的东西,这个本性无处寻找,也不可描述。自然安住。"

当郎协勒波把这些传授于降司色琼之后,降司色琼圆满地理解了其中的意义,并不间断地修行,一直活到120岁[1],他才示现了虹光身成就。

---

1 根据本教文献记载,这位大师活到了370岁。

降司色琼

27. 降司色琼

当小男孩穆佐格十九岁的时候,老人的年事已经非常高,他在这时将教法传授给了穆佐格:

"菩提心性本无生,因它不是身、口、意造作之果。在清净本觉中,没有所谓的'佛陀',也没有所谓的'凡夫',一切本来空性,超越分别,清净自然,无边无际。因其本无'佛陀'与'凡夫'的分别之相,无所生,无可止,融于有情众生当中。一切有情,皆有此本性。清净本觉非因生,超越根源,亦无可见,自然任运于当下。当修者体验并了悟自性时,希求与担忧自然消失,一切皆圆满,自然且清晰。"

穆佐格

28. 穆佐格

"自然本觉并不能用'空'或者'明净'来定义,因其本就无法被定义。你也许认为它是某种显现或者幻相,但其本身并无能见与所见的相,也就没有'是否明净'可言。你也许认为它是'空',但本觉本身远离意识判断,你甚至都无法通过意识来判定它'是否为空'。即使你试图观察本性,你也无法找到所谓的'空'。如果你认为本性是"恒常不变"的,而本性本无实有,并没有可以用来判断'是否恒常不变'的执取对境。如果你认为它是'无',同样的,你也无法找到所谓的'无'。即使你试图给本性设立一个概念,或者描绘它,想象着:'它是这样的',你甚至都无法构思它,也无法展示出任何结果。但如果你说:'它是非自然的,没有什么可知的,也没有什么可见的,什么都不存在,'那么这就是虚无主义,而如果一切真的是虚无的话,那就根本不可能有意识能够产生'认为一切都是无'这样的想法。

这个本性超越一切思维判断以及文字描述,只需放在自然即可。"

这位大师非常长寿,最终证得虹光身成就[1]。

---

[1] 根据本教文献的记载,他活到了171岁。

穆佐当

29. 穆佐当

这位大师的出生地、接受教法的地点以及修行地都是在西藏西北的当惹地区，大师的修行地[1]到现在依旧可以找到。

"本觉见地无可观修。因此，你需要体验它、确信它，无希忧地安住。本觉超越意识，无可专注，也没有任何可以执取的对境，禅修与否也本无区别。因此不要试图用意识去执取什么，也不要妄图用意识影响它。本性无法通过身、口、意来描述，穷尽言语，亦无可为。因此，不要被意识与思想所束缚，它们只不过是自己内心所造作出来的。无造作地保持当下的明觉，这就是见修之果。本觉远离言辞与思维，所以你必须把思维、意识和希忧所带来的束缚斩断。"

1　此修行地被称为象西荣（གངས་ཤེལ་རོང་།）

穆雪占钦波

30. 穆雪占钦波 [1]

穆雪占钦波与他的上师是亲戚关系。在达果山（གངས་ དཀར་）的冰川下面有一个山洞，后期被称为雪占闭关洞（ཤོད་ ཅམ་ཕུག་），那就是雪占大师修行的所在地，现代人已经不知道为什么它被称为"雪占（ཤོད་ཁྲམ་）"了，而是给出了另一个解释，雪占在藏语里是"赌骰子"的意思，所以，当地人称这里是"山神们赌骰子之地"。

"心性本觉无法被赋予名相，它没有一个可以被称为'这个'或'那个'的实相来命名。对于你所体验到的本觉，不要质疑，也不要试图改变或者有任何的造作。远离希求与担忧，无为而住。当下一个念头升起时，不要追寻它，也不要改变它，顺其自然。你不要有任何的希求，自然安住。这就是本性。"

---

[1] 这位大师的肖像图看起来有些特殊，他的头发被描绘为浅黄色。象雄地区是一个涵盖了十八个大部落的联邦，这些部落的具体种族现在已经没有办法考证。但是，象雄与吐火罗语系的地区相邻，这些地区被藏族人称为坵尕尔（ཏོ་ གར་），在那里也有许多本波派的传承家族，比如说智氏家族（གྲུ་）就是从那里起源的，所以，如果有些象雄族群是欧语系血统也就可以理解了。吐火罗语系族群或者大月氏族都是浅色皮肤与浅黄头发的人群，他们的语言有点相似于日耳曼语系。

穆嘉瓦罗珠

31. 穆嘉瓦罗珠

穆嘉瓦罗珠与他的上师是亲戚关系,直到四十七岁时,他还一直在上师的山洞下面放羊。一天,狼群肆虐,无数的羊惨遭毒手,这让他感到深深的悲伤。尤其是当他看到一些羊虽然内脏已经流散一地,但仍挣扎在生死边缘的惨状时,他的心痛得更为剧烈。他手足无措,不知道应该做些什么,如果他把剩余的羊留在这里去寻求帮助,狼群就可能回来杀死这些羊。

他对这样的工作感到极其厌烦,他想起在山洞里修行的亲戚,这样的生活看起来比较简单轻松。他扪心自问道:"为什么我不能也去修行呢?我作为牧羊人受了太多的伤痛和苦难,由于狼群不停地骚扰,我的工作也变得非常无助。"所以,第二天他停下工作,去拜见了他的上师并问他:

"我能像你一样地生活吗?"

"当然了,为什么不能呢?"上师答道。

由此,穆嘉瓦罗珠摒弃了一切凡俗生活,经常祈请上师给他传授教法。在最终接受了单传教法之后,他的余生一直没有间断过修行,后来他也成为了一位上师。他一生的修行安排得十分密集,并最终证得了虹光身成就,而这并没有花费他太长的时间。

穆嘉瓦罗珠的教法：

"通常人们都会讨论心和意识，但是如果你回观心性的根源，并没有所谓的'心或意识'存在。如果你认为自己发现了某样东西，但它并没有任何'生、住、去'的基础，你却把它命名为所谓的'意识'，那么，这只是你自己造作出来并假立的名相而已。

清清明明，远离妄念地安住于本觉当中，无论你体验到了什么，顺其自然。无论升起了何种觉受，不要在意它们，更不要追寻和观察它们。不要被迷惑，事实上本性并不具备可以被迷惑的基础，并没有某种东西隐藏于本性，无基本空，自然也就失去了可以用文字来描述的可能。"

他的弟子彭钦赞布问道："为什么您说'不要被迷惑'？"

大师答道："'被迷惑'只是一种说法而已。如果你安住于本性，它没有任何的能迷惑和所迷惑之处，它非实有，也非物质，没有任何可以产生迷惑与非迷惑的基础。"

弟子问道："如果它非实有，又远离物质之基，那么您所说的迷惑、非迷惑、无实质的对境是什么呢？本觉之中到底有些什么呢？"

上师答道："后面的内容就无法用语言描述了。稳定地安住于当下的清明体验。无论当下的你是否清明，不要做任何改变，无所做，无所追地自然安住。无须观察觉明与否，是不是空性，又或是其他的状态，这并不重要。本性远离分别之基，这被称为：'法身佛见地（བོན་སྐུའི་ལྟ་བ།）'。任何有情众生也无法改变这个本性，即使是佛也不行。任何佛或众生试图修改它、观想它或者描述它，那一切就是人为造作的了，并不是本性。由人造作出来的见地，不会指引到佛果，一切依靠造作或外境的，都不是究竟法。这样会引导至错误或者迷乱。如果有人这样修法，永远无法达到佛的境界。"

弟子问道："什么是法身佛见地？"

上师答道："法身佛无基本空，没有所谓的'源头'。明觉（རིག་གསལ།）是无法解释的，本性自然任运于当下，无可寻处，这就是法身佛见地。"

弟子问道："那您的修行是什么？"

上师答道："我没法解释我修了什么，无法把它描述出来。"

弟子问道："如果您的念头升起了怎么办？"

上师答道："直视你的念头。它们去哪了？如果你找不到它们的去处，那就不要管它们。如果你不管它们，它们自然回归于本觉。"

弟子问道："修行的证果是什么？"

上师答道："没有所谓的证果。"

弟子问道："什么是法身佛？"

上师答道："法身佛非物质，超越证与非证。佛性无法描述，超越言辞比喻，非显现，非意识造作，也无可执取。心性无基（གཞི་མེད།）本空，无法通过意识认知它的状态。既然无基，那本就无可寻，无可学修，无可执取。不要追寻你的念头，因为你的念头本身也没有留下可以被追寻的痕迹。既不要跟随，也不要试图断除任何念头和幻相，只需让它们顺其自然即可。本性无法被改变，不要造作希忧，也不要试图修行、或禅修、或执取、或使用你的意识。远离意识造作，将本性完全地放在自然、开放的状态下，不要有任何的执取，将一切都解放。解放之后留下的只有怔怔无语（ཏད་ད་ག|）的状态。'怔怔无语'[1]的状态是无法用语言描述的，它指的是超越实相，无可执取的状态。在此等状态，甚至都无法升起能够思考它是空还是其他的特性的意识。我所讲的这些内容并没有什么特别的，它本身就是无基本空的状态。基位本觉[2]无法被分割，没有人能给你举出与它相似的例证，所以你只需顺其自然即可。同样，法身佛本来穷尽一切言语，你只需顺其自然就好。

---

[1] 怔怔无语：通常理解为"受惊后的意识状态"或者"完全的空白状态"。指的是受到惊吓后的震惊状态，或者是刚起床，或刚劳作完的空白意识状态。因为这个状态下意识是完全空白的，没有任何的念头，被称为"空无"。然而，这跟本觉并没有任何的关系，因为它缺少明觉。在这里，怔怔无语并不是指通常的意义，而是代表无法解释的自然本觉。

[2] 同样的，这个词在不同的上下文中，有各种各样不同的解释，在这里代表着万法的原始基位本觉。

有时我们会谈论'佛的见地',这只是文字和语言的表达而已,事实上,我们无法在本性中找到所谓的'佛的见地'。因此,当你修行时,无须寻找任何特殊的东西,这样的状态是无法形容的。

那修者应该怎么做呢?什么都不做。

那果是什么呢?没有所谓的果。

那你应该怎么做呢?不需依靠于任何事物,一切本来清净。菩提本性本自生,超越轮回与涅槃,这就是本性。所以,我们说它超越言语、文字或者思维。它无法通过举例与定义来描绘,简单来说,你是无法用意识勾勒出它的状态的。本性超越生死,所谓的'生死'只是词语而已,对本性而言毫无实意。本性非言语,超越思维,当下清净透明,这就是佛的见地。此乃十方诸佛的见地,一切传承上师的实修经验和圆满觉悟。历代传承上师不断延续的见地精髓。这是大圆满的诀窍,所有上师都通过修习这个诀窍而证得了究竟的圆满,现在把它展现给你。"

当接受完这个教导之后,彭钦赞布肉眼可见地化现为一只杜鹃鸟飞入了虚空,回归到了达瓦钦波[1](བདེ་བ་ཆེན་པོ།)当中。

---

1 达瓦钦波:大乐,这里代表"圆满了悟本觉"。

彭钦赞布

32. 彭钦赞布

他是一位非常重要的大师。当达布士扎允许将象雄年居的教法通过文字记录下来后，大师将它从象雄文翻译成了藏文。大师不仅是"经验传承"的持有者，也是"耳传四部教法传承"的持有者。他把四部教法[1]（བཀའ་རྒྱུད་སྐོར་བཞི།）的传承单独授予了一位来自遥远的西方、靠近拉达克地区的弟子，而其他来自西藏的弟子只继承了他的"经验传承"。因此，几个世纪以来一直有着两个不同的传承脉络，直到后来又重新汇集到另一位大师的身上。

彭钦赞布有两个主要的藏族弟子，他把耳传经验法脉传授给了他们。第一位是彭钦楞珠穆德，另一位是辛嘉拉瑟。彭钦楞珠穆德原本就是一位非常有成就的密宗修行人，但直到遇到他的上师后，他才接受了大圆满传承。从这位大师开始，仅有经验传承作为独传的教法被延续了下去，而四部教法传承就并非如此了。

彭钦赞布的言教：

"本性非实有，超越轮回。如果你观察你的幻相对境，你无法找到任何恒常的东西。因此，也就没有某种特殊的存

---

[1] 四部教法：象雄耳传的四部根本文。

在可以相对地被称为涅槃。那么，还有什么所谓的修行或者禅修呢？本就无须任何特别的作为。如果你观察你自己——无论是你的意识，或是你的身体等等，你都无法找到任何真正实有的部分。所以，本就无可作为，也没有什么可修的。"

作者注：

当教法讲到"无所为"，或者"无实有"的时候，不要把它想成是某种虚无主义。教法阐述的是大圆满本体的究竟状态，我们是佐钦巴，是大圆满修行人，我们不是大圆满本体。大圆满修行人必须要注意并修行关于皈依以及菩提心的功课，以及其他前行部分的功课。大圆满教法也许看起来像虚无主义，其实相差甚远。虚无主义的意思是否认一切，但事实上，你本就无法通过意识执取大圆满本体，所以更无法否认它或是改变它。大圆满和大圆满修行人是不一样的，因此大圆满修行人还是必须要尽可能多地积攒善业功德。

彭钦楞珠穆德

33. 彭钦楞珠穆德

彭钦楞珠穆德是一位非常有成就的密宗修行人,他大部分的时间都处于密法的修习当中。即使他接受了耳传教法之后,他还是对密法的力量更加感兴趣,因而并没有集中精力地修习大圆满法。他是一位游牧民,拥有羊、牛等各种牲畜。他有一只白色的母牦牛帮他照顾所有的牦牛,还有一只白色的羊帮他照顾各种其他的牲畜,所以,感谢密法修行的力量,他并不需要雇人帮他做这些,动物们自己就可以照顾好自己。他的一生都是这样生活的,但是在他圆寂的时候,他并没有获得虹化成就,而是留下了他的躯体。就在他要圆寂之前,他回忆起他的上师曾经化为一只杜鹃鸟飞走了,他才意识到自己并没有认真地修行大圆满法,但这时已经太晚了[1]。但无论怎样,他也是一位非常有成就和名望的密宗大成就者。

作者注:

当彭钦楞珠穆德从上师彭钦赞布处获得大圆满教法时,

---

[1] 这里可以确定地说,楞珠穆德并没有获得虹化身成就。在他之前的所有象雄年居法脉的传承上师们都获得了虹光身成就。在古时候,有些大师获得了虹光身成就,有的没有。无论如何,即使是那些最终没有显现为虹光身的大师们,依旧是获得了极高层次的觉悟。

他曾经修行过一段时间,但是并没有认真地修行,而是主要专注于象雄美日密法的修持。因此,在他去世之前,他有三点非常后悔:

他没有专注于大圆满修行,这是修法错误;

他经常骄傲地显示他通过修行密法获得的非凡能力,但这些都是毫无意义的,所以他非常后悔;

他曾经也想要度过一个有价值的人生,成为一个真正的大圆满修行人而不只是密宗修行人,但是由于他的密法修习得非常好,而且获得了强大的密法力量,每个人都是因为他的密法能力而了解到他,也是因此才来朝拜他。他因此而非常得意,这点破坏了他的暇满人身,对此他感到非常地懊悔。

他最终诚实地忏悔:"我获得了一个无比珍贵的财富,但是我没有进行正确的修行,而现在已经太晚了。"这三个让他后悔的点,他说得非常坦诚。

辛嘉拉瑟

34. 辛嘉拉瑟

辛嘉拉瑟是西藏人，他与宁玛派的喇嘛泽钦是同一时代的人，这两位是非常要好的朋友。在辛嘉拉瑟 12 或 13 岁的时候母亲去世了，由于继母对他的虐待，他度过了一段非常艰苦的时期，使得他心中充满了怒火。他再也无法忍受这样的生活，便离家出走，去寻找可以摧毁他继母的法术力量。他在西藏各处游荡，有一天，他发现有些人在赌骰子，便停下脚步观看。他们给了他一些食物，他就在此休息。他们问他将去何处，他并没有回答，反问他们在卫藏是否有会法术的人。这些人给他讲了有关彭钦楞珠穆德的事迹，当时彭钦楞珠穆德已经非常有法力，也非常有名气。辛嘉拉瑟决定去寻找他，但当这些人听到他这个想法时，警告他一定要小心，因为这位大师养了几条非常凶猛的狗，一定会把他吃掉。辛嘉拉瑟按照他们指明的方向，无所畏惧地前往了大师的住所。通过那群人给他的建议，他决定先去到河边，等待大师的明妃来取水。当他抵达河边之后，不一会儿上师的明妃就来到此处取水，就此他们相遇了。明妃问了他一些问题，包括他要去哪里，他需要什么。

他说："我听闻大师是一位非常有法力的成就者。"

"是的。"明妃回答道。

"我如何能见到他呢?"他问。

"你能工作吗?"

"当然,我可以!"辛嘉拉瑟答道,并答应帮助她。

明妃便把他带回到家里为她干活。当抵达她的房子时,大师并不在此,只有明妃和一些劳力。这个男孩非常卖力地劳作了数日,但一直没有见到彭钦楞珠穆德,最终,他四处询问这位法力高强的大师的去处。"噢!他经常去山里拜访他的上师。他马上就会回来的。"男孩听到后便安心地继续努力工作。过了一段时间,大师从山上回来后,询问这个男孩他有何所求,男孩解释说他希望消灭自己的继母。大师教了他一些密法的修行,就这样,男孩边努力干活边修行。当大师又回到山上时,他的上师彭钦赞布问他:

"是否有一个男孩子找你学习密术?"

"是的,确实有个男孩来了。"

"他是一个具格的大圆满弟子,把他带到我这里。"彭钦赞布说道。

因此,当彭钦楞珠穆德再次上山的时候,他告知男孩一同前往。因此,他们两人一起去拜见了在山间不停更换住处的彭钦赞布。当大师彭钦赞布见到男孩之后,问男孩有何所求。男孩回答说他一直在搜寻可以消灭他继母的强力法术。彭钦赞布说道:

"噢,要消灭她实在是太简单了,根本不需要费力。"

于是，他开始教导男孩如何修习大圆满法。男孩非常努力地干活、学习和修行，最终，他了悟了大圆满自然本觉。

他的上师问他：

"现在，你的继母长什么样子？"

"噢，我的继母已经无可寻了！"男孩回答道，"无须去消灭她了。"

"我就是这样消灭我的敌人的[1]。"上师说道。

男孩没有再做任何的回答，他只是无间断地修行着大圆满法，再也不在乎他的继母了。

彭钦赞布教导辛嘉拉瑟：

"本觉无所生，超越物质基础，也没有源头。不要试图为其假立名相，万法本无外在实有，所以不要追逐任何的幻相。本觉本无边界，超越形状，亦不可被分割。法身智慧远离偏袒，远离妄念，远离名相。它超越四边，远离'这边'，'那边'，'你那边'，'我这边'等诸多判断，这就是诸佛的智慧见地。这个佛性即使佛陀本身也无法增进，再有智慧的众生也无法改变。它远离一切有相实论，这就是殊胜的菩提见地。

它是万法唯一的本性，无法将它展示给你，也无法用语言形容它。这个本性即是空性。不要用意识执取它，本来意识也无法执取它，因此更不要试图为它假立任何名相。"

---

1 当觉悟大圆满见地时，任何的分别概念，比如"敌人"和"朋友"等，都会自然消融于大圆满本觉当中。

辛嘉拉瑟通过自己的实修经验自然地了悟教法中的意义。他无法改变他所体验到的，也无法展现他所拥有的体验，他把这种状态阐述给彭钦赞布，彭钦赞布说：

"这被称作自解脱根本智（རང་རིག་ཡེ་ཤེས།）。没有人可以通过修行超越这个智慧，本性无法因为修行而变得更好，修行只会让你越来越稳定于本觉当中。如果你努力修行，这个本性的状态也不会被改变，仅仅只是让你安住于稳定的时间越来越长。本性无法变好或者变坏，意识无法对其产生任何影响。本性超越可见与非见，思维自然解脱于其中，即使意识本体也逐渐消失了。明觉仅自然地、短暂地显现，但是如果你安住于这些光明自现，你会发现它非实有，也无所谓证果[1]。所以，无须任何造作，也不需要使用任何的物质。一切皆是空性本质（སྟོང་གཟུགས།）。

这个本性超越生死，无论是生或是死，本性都不会动摇。它无法被改变，也不会有任何的进展。因此，基位本性无所能见，这就是大圆满的殊胜见地。尽可能长地稳固于这个见地中，这就是真正的禅修。努力稳定于其中，不要有任何希求，这就是大圆满之果（无修之果）。有的时候，思绪会自然显现，但是不要试图追寻它们，它们便会不留痕迹地自然消失。如果思绪自然而然地浮现，不需要怀疑或者恐惧，他们无法对

---

[1] 这里描述的是关于明觉的部分，通过各种显现来表明修行人明光禅的修行进展。无论如何，这些显现非实有，自然回归于万法基位（本来空性），也就自然没有任何的"实有之果"可以执取或被使用。

你产生任何的困扰。本觉超越四边,也超越你、我、敌、友等概念,无论升起何种想法,无须造作,自然放置,他们自会了无痕迹地消失。当它们消失时,不需要观察它们的去处,或者是否留下任何痕迹。不需要验证或者思考,本觉本来超越二元（གཉིས་མེད།）对立,没有主观与客观之隔。觉性（རིག་པ།）是本来赤裸的明觉智慧,这就是佛性。"

他接受了上师的这个教法之后,与继母为敌的"想法"变为了自己的法友,而自然圆满解脱于空性本质当中[1]。

当辛嘉拉瑟接受了教法之后,他经常在山岳间不停变换住处进行修行。有一天,一个游牧民[2]在当惹雍措附近的塔尔勾草场放羊时遇到了一个人,这个人的衣服非常破旧,没有穿鞋并且只背了一个装着噶巴拉碗的包。游牧民非常惊讶这个人可以光着脚在山间游荡,游牧民问他:

"你从哪来？"

"我没有确切的来源地。"

"你要去哪？你住在哪？"

"我没有要去的地方,也没地方住。"

这个游牧民非常惊讶,认为这个人应该是个极好的瑜伽士（རྣལ་འབྱོར་པ།）,所以游牧民把自己的食物供养给他,但

---

1 由于没有任何东西可以影响彻底了悟大圆满见地的人,不管任何显现,思维或是情绪,无论"负面的"还是"正面的",都会像法友一样直指自然本性。
2 这位游牧民是伊巴（སྐྱིད་འབར།）三兄弟之一,后来成为辛嘉拉瑟的功德主。

是这个人基本上没有拿取任何的食物。牧民想把鞋供养给他，说道：

"你没有鞋，你最好穿我的。"

"不需要，"这个奇怪的人回答，"你最好留着你的鞋。如果我把你的鞋穿在我的脚上，如果它们被我磨损了怎么办？你留着你的鞋。"

这个游牧民说道："我有房子，我邀请你来我的房子住。"

"不，这是不可能的，我就像个野兽一样，我无法去到村子里或者任何其他的地方。"

这个牧民曾经听说过一个传闻，是关于那个从家逃跑之后四处寻找法术来消灭他继母的男孩，游牧民认为自己找到了这个男孩，于是牧民抓住了他，把他带回自己家，并把他关在了自己的佛堂里。事实上，这个游牧民本就是个富翁，所以他对他的俘虏说：

"你就呆在这里，我会给你吃的喝的以及任何你需要的东西。"

"但我是个病人[1]，"瑜伽士说道，"我会传染给你的，让我走！"

"不行！"牧民答道。"我要把你关在我的佛堂里，你就在这里修行，我不会让你走的。"

他每天供养辛嘉拉瑟食物，让他在佛堂里修行。与此同时，村庄举行了一次会议。这个富有的牧民前往会议，并告诉村

1　他谎称自己有麻风病来吓唬游牧民。

民们他在山里抓住了彭钦赞布的弟子，也就是那个去寻找法术的男孩。"我能找到他简直是奇迹。"他说，"我会一直关着他，永远不让他离开。"

这个游牧民给辛嘉拉瑟建造了一个隐居处，事实上，这个地点依旧现存于当惹地区。虽然当时的隐居地已经被毁坏了，但是现在被重建为一座小型的寺庙，并且沿用了最早在这里的山洞中修行的隐士的名字，它被称为雍仲拉瑟寺[1]。辛嘉拉瑟大师与宁玛派的泽钦大师是同时代的人物，他们是挚友。

鲁丁拉贡卡波是辛嘉拉瑟的弟子，他非常有学问。在他马上要完成自己宗教学习的最终阶段时，他需要准备一些毕业庆典[2]上使用的贡品，所以，他带了一些糖浆在马背上，准备卖了之后换取酥油。在去集市的路上，他找了个地方停下过夜，正当他准备休息的时候，他听到有人讨论住在附近山洞里的一位修行人。当拉贡卡波听到辛嘉拉瑟的名字时变得非常的激动，强烈的恭敬心让他突然地大哭起来，他决定去拜见这位大师。第二天早上，与他同住的人早早地唤醒了他，因为他们需要赶路了。拉贡卡波询问了他们的目的地，他们计划去拜访一位非常特殊的瑜伽士，他住在距离这里不远的山洞里。当拉贡卡波提到要与他们同行时，他们提醒他："可

---

[1] 在辛嘉拉瑟的山洞附近重建的寺庙。
[2] 这个学历就如同现在的格西学位一样，也可以称为宗教学博士。这个庆典需要做好精心和丰富的准备。

以，但是大师也许不会见你。"

"他一定会的，"拉贡卡波答道，"我的恭敬心非常的强烈。"

最终，他把行李装到了马上并与他们一同启程了。见到瑜伽士之后，他充满了强烈的恭敬心，并祈请了各种开示和加持。大师说他有一个非常特别的开示要传授给他，同时将手在拉贡卡波的头上放了一会儿。

"你的头是不是因为我的手而变得越来越热？"大师问道。

"是的，"他的弟子确认到。这就是特殊的开示。

拉贡卡波与大师住在了一起，并把自己的马供养给了他。辛嘉拉瑟让侍者把马牵了过来，辛嘉拉瑟在马的耳朵边说道："你的主人把你给了我，从现在起你需要在这里呆着。"自此，这匹马再也没有远离过这里。

辛嘉拉瑟教导拉贡卡波：

"如果你观察对境，观察一切幻相与可见客体，你不会发现任何本有的或实有的存在，也就并没有什么需要禅坐或者修行的。如果你了悟到一切万法本质皆非实有，那么你就不会再产生任何希忧，自然任运于自性的明光当中。

因其无所生，远离物质基础，超越主客之分，因此意识也无法捕捉它。本性无所住，你无法指出本性所在的地方，你没法用意识认知本性，你什么都认知不到。本性本就无可希求之果，所以，即便你没有任何觉悟也无须失望，因本性本就远离希忧二法，本来赤裸光明。"

"我所了悟的本性就是这样的。如果你明白了我所说的并不停地修习，也许你也就会有同样的体验，"他这样说道，"我认为这是非常重要的。"

鲁丁拉贡卡波

35. 鲁丁拉贡卡波

"六项错误:

见地不稳,就像鸟的羽毛一样轻易被风吹动;

你那些试图与自然本觉相融的举止,首先就会变成你的障碍。如果你禅修,它会变为你工作的障碍。如果你工作,它又会变成你禅修的阻碍,所以你就像断了一只翅膀的鸟儿一样;

当你禅修时,没有任何的体验升起,就像当你望着天空时什么都没有一样;

当你进入修道或者开始修行时,因为并没有什么特殊的说法或者做法,所以你就像被扔在牧场中间的盲人一样不知所措;

无论你说什么,你的词句都无法与真正的意义相连接,所以你就像一只鹦鹉在学舌一样;

无论你如何思考,都不会有任何的成果,所以你就像一位可怜的女士做了很多的计划,但是最终什么都没有实现。

这里有六个比喻,不要让你的禅修变成这些样子。"

他的弟子,穆珠江岑让穆问道:

"如果我不按照这六种错误比喻来做的话,那我应该怎么做呢?"

上师回答道：

"保持见地像天空一样，无边无际，没有四边，也没有中间，明亮通透。

一切举止（སྤྱོད་པ་），无论行住坐卧，不需要任何的定式[1]，无论你做何举止，皆不离本觉。

智慧本身清澈透明，远离偏袒。无论你做何种行为，自然与本觉相融。这就是意义。

进入修行道和觉悟本觉的方法是观察你或者他人身体的状态。当你验证它的时候，你不会找到任何真正实有的存在。当然，你依旧需要恪守十善业[2]，不可忽视或者放弃它们。如果你修习十善业，并把它们与你的禅修结合起来，那你就找到了真正的'究竟修法'。

不要被文字与思绪所影响，不要追寻或相信任何事，自然融于本觉，这就是精髓诀窍。始终任运于本觉当中，努力这样修习，你就会渐渐地觉悟到自觉自明（རང་རིག་རང་གསལ་）的根本智慧。

当你清晰地认知到自然本觉时，你的修行、禅修和经验皆融为一体。如果你可以做到，并坚持这样修习，禅修的体验自会显现，你一定会自己觉悟本性，并且感到愉悦与满足。

这就是获得稳定禅修的方法，这也是远离六项错误比喻

---

[1] 并不是保持某种固定的姿势作为支撑才叫禅修，而是无论盘腿与否皆不离本性。——译者注

[2] 十善业：分为身三业，即不杀生，不偷盗，不邪淫；口四业，即不两舌，不恶口，不绮语，不妄语；意三业，即不贪，不嗔，不痴，合为十善业。

的意义。要记住并且实修这六个要领。"

大师又对他说:"从见、修、行、果[1](ལྟ་བ། སྒོམ་པ། སྤྱོད་པ། འབྲས་བུ།)方面来说,不要试图专注或者执取什么,只需稳定地自然融入于本性当中。无所执取,即是禅修。这就像是平静的大海一样,安住于无所求,无执着,无所思的见地当中。如果你追求恒常不变的状态,那也只是你内心的造作。不要追随它。

如果你直视本性,它无可造作,没什么能被跟随的,也没有什么需要断除的。让一切顺其自然,这就是珍宝般的金色明光。当你熟悉本性后,欲望以及对证果的希忧自然消失,一切融于法身佛胸怀。也就是说,当你净化了意识的火焰,那么欲望的烟也就消失了。因此,如同太阳般的明光自然闪耀,阿赖耶(ཀུན་གཞི་རྣམ་ཤེས།)的黑暗必将会消失。你会体验到不二禅观的状态,并变得对它越来越熟悉。从此,你会从生、老、病、死中自然解脱。而且,幻相与思维的业种最终会变得清净。你再也不会轮回,而自然稳固于本觉胸怀。"

---

1 见(见地)、修(禅修)、行(举止)、果(证果)。

（五）最终释论

我们已经学习了上师相应法，以及如何任运于本觉。那安住于本觉的意义到底是什么呢？当你任运于本觉当中，你的障碍、污秽和情绪都会自然清净，但这些都取决于你的稳定性和熟悉程度。这就是宗教和修行的真正精髓。

托噶显现就不做详细的阐述了，但是，希望当我们睁开眼睛禅修时，可以尽量地安住于本觉当中。当你凝视虚空时，你一定会在眼前看到各种各样的显现。这些显现并不是你创造出来的，无论你是否了悟本性，它们都是自然存在的。一切众生都能看到这些显现，但是众生并不了解它们。这就是托噶法的起始。这些显现本来就存在，当你通过实修对本性越来越熟悉之后，它们自然而然地就会显现。当你的实修经验越来越多，这些显现就会越来越清晰，也开始产生了形状，就像搅拌牛奶后会形成酥油一样。如果你因此而变得兴奋，并渴望观察到某些显现的话，它们反而不会出现。但是，如果你不盼望也不抵抗的话，它们自己就会出现。所以，这才是真实的意义，这就是本性。

大圆满并不包含观想的方法，因为它远离希忧，也超越一切造作，一切自觉自明。当我们安住于本性时，它的各种显现就证明了它的能力和力量。这些显现，就是万物由空性而来的最有力证据。如果我们执着于这些幻相，它们会变得越来越坚固，就像水结成冰一样。事实上，长久以来，我们一直在不自知地"练习"这种把万物化为实有的方法。万法本来自同一个根源，但是却有两条道路或者说"练习方法"，其中一个就是执着于幻相实有，轮回因此而开始。但是，如果你反观万法的根源，而不是执着于实有，那么就是涅槃。当你认知到如何正确地修行时，即使它看起来像是坐在那里休息，其实它有着非常重要的意义。我们是人，我们能清晰地知道我们在做什么，也能大概预料到未来的几年里会发生什么，但是我们不能预测下一世或者后几世的事情。如果我们修行，我们的状态会变得更加有意义和有成效。我们现在正在为此而进行着训练。当你意识到，一切万法，无论是外器世界还是有情众生的"我（བདག）"，其实都来自于空性，本身也是空性本体，因此，根本不需要执着于任何外境。当你不断地修行，了悟空性，你的执着心会变得越来越弱。你亲自体验本觉是非常重要的，这已经被强调了很多次了。你必须尽量让自己清晰地认知本觉，这才是一切真正的基础。如果对它的认知不清晰的话，你可以继续禅修和修法，但是我们无法保证这样做的效果如何。

我们有八种意识（རྣམ་ཤེས་བརྒྱད），还有很多心所法，总共五十一种。它们的作用都是执取各种目标。本觉并非意识，你必须通过实修进行体验。如果想清晰地理解这个意义，你可以造作一个念头，并观察它：它在哪？当你试图回望它时，它却消失了。一切无可寻，只剩下哑口无言的状态。而这个状态能持续多久取决于你的修行，这就是清净的本性，而非意识。你必须要了悟这一点，而这个方法清晰地把它展示了出来。然而，如果你经历过这些后，仍然试图从任何层面继续寻找本性，那就说明，你还没有真正认识这个超越意识的本性。当你回望一个思绪时，会有一种完全开放的、没有执取的状态，你只需安住于此。你必须要有这种实修的体验。

当下就是明觉，这种明觉与无意识是相反的。它超越一切意识，无论是纯净的或是染垢的。在深度睡眠当中是没有觉知的。如果你观察思绪消失的地方，并且无造作地安住于其中，那么，这个当下不同于深度睡眠的无意识，它是清晰和明亮的，这就是觉知。这个明觉或觉知超越意识，本自空性，自觉自明。你要信任这个状态，如果你不相信它，反而不断地试图寻找或改变它，那么你永远不会寻找到本觉。各种各样的意识都是通过思绪或念头相联的，但当你任运于本觉当中，明觉自会显然。明觉即是空性，也本具光明，就像一盏不需要其他火源，而会自我点亮的明灯。明与空是无法分开的，这就是明空不二。

当你处于深度睡眠当中，意识自然释放于阿赖耶识或藏识，但是这并非处于本觉当中。当你通过实修获得对于本觉的体验时，念头或意识以及一切幻相自然解脱于本性：你的明觉清晰，自然安住于本性当中。这两者的区别是，当你安住于本觉当中，你的觉知是清明的，但是当你处于深度睡眠时，你缺乏觉知，只是单纯地处于无意识状态而已。

每个众生的思维和意识都是不同的，假如某人生气了，并不是所有人都会生气。哪里有思想，哪里就有本性，就像哪里有水，哪里就会潮湿一样。当说到本觉时，"不二"这个词并不是指所有的意识都是无法分开的。准确地说，它指的是本觉中的"空性"与"明觉"这两个特质以及"自然显现"都是无法分开表现的。所以，当提到本觉的时候指的就是空性、明觉以及不二性。如果你回想你的念头，在上一个念灭与下一个念起之间有一段状态是你无法描述的。那个状态是空的、明亮的和统一[1]的。它们都在那个状态里，但是你无法分开它们，你需要有这个实修体验。

当你了解的越来越多，你会很明显地体会到进步。当你修行得越来越多时，你会变得对真正的本性越来越熟悉。当你越熟悉本性，对于其他幻相的执着就会越来越弱，这就是为什么你需要不停地修行。假如你通过破幻相的方式来修行，比如说闭黑关的方式，即使外在的光源全部被遮蔽住了，你还是会看到光、颜色以及各种图形。这并不是从古时候流传到现在的谎言或者神话故事，你可以亲自体验一下。这些光来自于本性，它们就是我们人生中的一切皆是梦幻泡影的证据。这些幻相是我们自心的显现，他们持续与我们的日常生活捆绑在一起，直到它们合而为一成为实有。当修行人认清他周遭的事物只不过是幻相时，他的身体就可以穿过山石，

---

1 这里指的是"不二"（གཉིས་མེད）。

这也证明了没有任何的事物是真正实有的存在。这样的修行人并不是显示神通，而是万法的究竟实相。我们可以不停地讨论这些，但是如果没有实修的体验，是无法对它升起真正的信任的。所以，你已经清楚修行的路线了，那么你现在就需要开始实修了。

你需要尽量将日常的生活融于本觉当中，这点非常重要。无论何时，当你忆念起本性，它都在那，它永远不会消失。

（六）箴言

　　有时，大家会听到一些一生都在山洞里面修行的法脉成就者的传记。也许某些人会考虑放弃当前的生活状态，然后过上类似这些修行者那样的生活，然而在现代社会中，这显然是非常困难的。

　　要知道，我们在现代社会生活，并不需要远离现实去寻找某种与世隔绝的状态。人们可以阅读历史，也可以阅读古代大师们的传记，但那个时代已经过去了。人们需要明确：在现代社会中，过上像古代修行者那样的生活是非常困难的。在早期，尤其是在藏族地区，并不是所有人都选择修行。有些人会先学习，丰富自己的知识，了解清晰之后，再开始修行。他们一生都会活在与世隔绝的状态里。在那个时代，一旦有人选择了隐居的生活，得知他住在山洞中的人都会主动提供帮助。那时候的人们理解修行者也是有生活需求的，他们同样需要柴火、食物或者一些其他简单的生活用品。人们会心甘情愿地供养这位修行人。修行者不会因此而过上奢侈的生活，但是他的日常生活将会得到保证，这样他就可以把全部的时间用在不断地修行上。然而，那个时代已经过去了。虽然这些文字记载还在，修行的体系也并没有改变，但如果现在尝试像古代修行者那样去生活，而没有提前做任何的准备，只会使自己处于困境中。你应当遵循教法,而不是盲目地模仿这些大师的行为。

在当今的时代,修行者需要做好充足的准备。大家经常会讨论两种状态。首先,无论你有何种经济来源,都需要保持下去,但不应该抱有过高的期望,或者追求名望,这些都是无济于事的,但是必须有一个赚钱的方法。否则,你的生活方式就成了所谓的"出家"。

有些人接受了很多不同的教法,听了很多大师的课程,可能会觉得当前的生活方式毫无意义,然后尝试切断一切,专心于修行。但你的财产不用多久便会消耗殆尽。而如果你再试图回去工作,或者恢复人际关系等等,可能会发现你很难再找到工作。因此,最好是简单地生活,不做特殊的工作,也不抱有过高的期望,更不应该追求奢华的生活。

同时,每个人都需要思考并尝试为人生的下一阶段做准备,因为死亡是必然会来临的。每个人都必须亲自为这一阶段做准备,因为谁都无法进行帮助。当一个人去世后,他的房子或床会被清理干净,然后有新的人搬进来。他不会留下任何痕迹,而且很快就再也没有人记得他。在那时,没有任何人能够帮助他。人们可能会说一些赞美的话,然后把他以一种舒服的姿势放入到棺材中,但这并不能帮助他的往生之路。

思考一下,这只是一具躺在棺材里的遗骸,无论舒不舒服又有何意义?心识早已离开了躯体,没有人能确定它在何处——善道或是恶道,都无从得知。到那时,会是怎样的情形呢?这并不是幻想或者虚幻,它和现实一样真实。人们可以通过睡梦来佐证这一点。梦是非常重要的证明,因此,需要相信梦境出现时所带来的感受,这就是当心识离开身体时会经历的感受[1]。

---

[1] 当我们做梦时,不管我们经历什么样的梦境,我们都会认为它与我们清醒时的生活是一样真实和具象的。同样的,这与死后意识在中阴身的状态中清醒后的感受是一样的。

译后记

2014年,我与《象雄年居》传承篇这本书结缘,惊叹于书中所蕴含的内容之重要,意义之深远,虽然寥寥几万字,却凝聚了喜马拉雅山附近,数千年以来大师们在追求精神修行过程中总结的精髓感悟。于是,此书便常伴身边,每次研读,感悟皆不相同,时而欢喜,时而烦闷,时而明悟,时而困惑,其中滋味难以言表。

随着对书中内容理解的加深,以及对象雄年居教法了解的逐渐深入,我从2015年开始尝试翻译此书。然而,出于对教法的敬畏,以及受限于自身能力的不足,翻译进程曲折缓慢。在经历几次撰写和删除的过程后,翻译工作一度停滞,那时候,我只能将精力投入到不断学习中。

经过两年多的努力学习和研究,《象雄年居》传承篇的翻译工作逐渐步入正轨。我在2018年底完成了书中历史部分的翻译,并在次年开始着手言教部分的翻译。

2019年的一次偶然机遇,让我邂逅了本书的编著者西饶拉姆和雍仲拉贡。我将翻译成果展示给他们,并正式提出授权翻译的请求。雍仲拉贡将部分译文发给了他在大学时的汉族同学,这位同学在阅读后给予了非常积极正面的评价。于是,雍仲拉贡正式授予了我翻译并出版汉文版《象雄年居》传承篇的权力。

直至2020年底，我终于完成了此书言教部分的翻译。接下来的一整年，我投入到对译文的打磨、修改与校对中。首版译文的言教部分用词更加精炼，叙述方式更加隐晦，因而使得言教的内容不易理解。为了确保这份清净无改的传承，可以准确无误地传递给每一位象雄年居的学习者，在经历了数次版本的调整后，我最终完成了现在的翻译版本。

本书的成功出版离不开经师阿扎[1]的慈悲鼓舞和大力支持。阿扎经师对于象雄年居的历史和教法的深入阐述，让我对原文有了更深入的理解，也使得词汇运用更为精确。有了经师阿扎的无私协助，这部珍贵的汉语文献才得以顺利地展现在广大读者面前。同时，我要向雍仲南喀晋美、董震寰、陈阳和王伟叶表示衷心感谢，感激他们对本书的慷慨支持。另外，也感谢高静和韩谦为使本书顺利出版所作出的无私贡献。感激黄振成为本书提供了雄伟的冈仁波齐摄影图片，使得对象雄年居感兴趣的读者能直观地体会到教法根源的庄严，以及历代大师们在这神圣之地修行、成就的辉煌景象。此外，非常感激格西索科、雍仲嘉瓦和雍仲洛萨对汉文译本内容创作给予的热情帮助，以及杨照和张界在校对过程中的辛勤付出。

古老的象雄佛法——雍仲本教的历史源远流长，作为西藏

---

1 阿扎：出生于1978年，现为林芝市政协委员、林芝市佛教协会副会长，同时担任西藏佛学院经师一职。

文化的基石，深入藏族民众的日常生活。无论是历史、政治、宗教文化，还是民俗、礼仪、文学、天文、历算、医术及歌舞绘画艺术等，雍仲本教都产生了深远的影响。因此，它不仅是藏民族精神文明的基础，也是中华文明历史中璀璨的篇章。

文化自信是重要的时代精神。我们拥有博大精深的优秀传统文化和绚烂多彩的宏伟历史，这是中华文化的坚实基础。中华文化由各民族共同创造，兼收并蓄，形成了独特的文化标签，构筑了中国人特有的精神世界。作为一名八零后译者，自认应坚守文化自信的精神，不仅要传承优秀传统文化，更要在此基础上进行发扬，做好文化输出，将多元的中华民族文化推广到国际舞台。

在五千年的历史长河中，各民族紧密相连，共同努力，保护和传承古老的文化遗产。在此背景下，象雄佛法的传播成为连接各民族心灵的纽带，让各民族在共同传承中华文化的同时，增进了民族团结与友谊。

最后，我想引用《象雄年居根本文·外见地总断·雍仲十二句》所记载的，达布士扎初见郎协勒波时所授予的一段言教作为本书的结尾：

"尽穷分别执着，取得广阔无边之心，回到本觉状态，这就是见地。得到来去自如、随心所欲之定，自觉自明，实修经验无处不在，其为修法。举止无贪无念、无拘无束，则为举止。直接了断分别妄念，证悟原有本性，并非新得证果，则为证果。顾虑当下解脱，无可求、无贪念，则为愿望。

法性作用无穷尽，因它是无为法，吾等不得离其法。法身无所知与能知，因它无缘无因，若能融于其法，则无所谓证果。因它是无自心之法，若能融于其法，则不离本性。本性无所谓取舍，因它是永恒法，若能融于永恒怀，则将回到本觉中。

　　本性无偏袒，无边无际就是本性，故修行不得偏袒。本性本不染六境，无染自然无谓贪，其为无境即无染污，远离执与非执而修行。心性无生无亡，处于无生无灭内，无增减、取舍而修行。本性本离言思比喻，无言无语为本性，无增无减而修行。胜意本离是非，与外境万法本无关，无取无舍而修行。

　　证悟无为与无缘境界，才能生起不二法。证悟不二法境界，才能远离偏袒与极端。证悟无边无际境界，才能远离戏论与言思。具备其三境界，才能成为真实的瑜珈师即是修者。

　　它让寡闻者慌张，让愚昧者恐惧，不容于声闻乘心里。它是瑜珈士的精髓，藏于无执着之心性。吾谓达布士扎，不忘我则相遇我，不念我则非遇我。"说完达布士扎化为彩虹光融于虚空之中。

　　愿吉祥！

杨辰
2021 年 10 月